Vito Giannotti

O QUE É JORNALISMO SINDICAL

editora brasiliense

Copyright © by Vito Giannotti, 1998

*Nenhuma parte desta publicação pode ser gravada,
armazenada em sistemas eletrônicos, fotocopiada,
reproduzida por meios mecânicos ou outros quaisquer
sem autorização prévia da editora.*

ISBN 85-11-01208-7
2ª edição, ampliada, novembro de 1998
1ª reimpressão, 2004

Preparação: Felice Morabito
Revisão: Maria Margarida Negro
Capa: Maringoni

**Dados Internacionais de Catalogação na Publicação (CIP)
(Câmara Brasileira do Livro, SP, Brasil)**

Giannotti, Vito
    O que é jornalismo sindical / Vito Giannotti.
– São Paulo : Brasiliense, 2004. – (Coleção primeiros passos ;
208)

    1ª reimpr. da 2ª ed. de 1998.
    ISBN 85-11-01208-7

    1. Jornalismo operário - Brasil 2. Trabalho e classes
trabalhadoras - Brasil I. Título. II. Série.

04-3200   CDD-070.4860981

Índices para catálogo sistemático:

1. Brasil : Jornalismo operário	070.4860981
2. Brasil : Jornalismo sindical	070.4860981
3. Jornalismo operário brasileiro	070.4860981
4. Jornalismo sindical brasileiro	070.4860981

editora brasiliense s.a.
Rua Airi, 22 - Tatuapé - CEP 03310-010 - São Paulo - SP
Fone/Fax: (0xx11) 6198-1488
E-mail: brasilienseedit@uol.com.br
www.editorabrasiliense.com.br

livraria brasiliense s.a.
Rua Emília Marengo, 216 - Tatuapé - CEP 03336-000 - São Paulo - SP
Fone/Fax (0xx11) 6675-0188

ÍNDICE

- Observação 7
- Introdução: por que este livro 10
- Por que jornalismo operário? 14
- A leitura operária 32
- A mensagem e o idioma "operariês" 46
- A linguagem operária 64
- Exemplos e antiexemplos de jornalismo 81
- Conclusão 96
- Anexos 102

OBSERVAÇÃO

Ao longo destas páginas, falarei o tempo todo da classe operária. Serão comuns expressões como "operário não lê", "operário faz isso, pensa assim", etc. Às vezes, até aparecerão afirmações do tipo "operário no Brasil acha que...".

Essas afirmações são amplas e precisam de um esclarecimento geral. Toda vez que digo operário, ou trabalhador, entendo o operário paulista de meados da década de 80. Muitas vezes falo especificamente do operário paulista que trabalha em fábrica metalúrgica. Dessa maneira, muitas afirmações gerais acabaram não sendo tão gerais assim. Ao dizer que "operário faz isso, operário faz aquilo", queremos referir-nos ao metalúrgico paulista de meados da década de 80.

Não podemos pretender falar igualmente de um metalúrgico de Recife, um telefônico do Paraná, um bancário de Aracaju ou um comerciante de Fortaleza. Haverá muitas coisas parecidas, mas não queremos estabelecer um padrão universal.

Fiz uma opção: analisar o problema a partir da realidade das fábricas metalúrgicas de São Paulo. A experiência, a convivência e a prática de jornalismo operário que tive concentram-se em São Paulo. Por isso, é necessário ter essa observação sempre presente.

As diferenças entre os vários tipos de trabalhadores e até entre operários fabris são grandes neste Brasil continental.

Porém acho que, relativamente a nosso estudo, todas elas serão abraçadas analisando o operário metalúrgico de São Paulo. Se afirmo que em São Paulo somente 2% dos operários lêem jornal, certamente no resto do país essa média é inferior. Quando afirmo que a palavra "reforma" é de difícil compreensão para o operário, isso significa que fora de São Paulo essa dificuldade aumenta. E isso não por preconceito, mas pelo desenvolvimento industrial e cultural que o Estado de São Paulo apresenta.

Várias vezes, ao longo destas páginas, refiro-me a um estudo sobre o jornal da Oposição Sindical Metalúrgica de São Paulo. Esse trabalho foi feito por uma equipe em 1983 e publicado pelo Centro Pastoral Vergueiro (CPV) sob o título *Luta Sindical — Radiografia de um Jornal Operário*. Muitas das idéias aqui desenvolvidas nasceram da equipe que elaborou aquele estudo, da qual fiz parte.

Por achar aquelas análises e interpretações corretas é que várias vezes cito ou simplesmente incorporo idéias e análises a esta nova síntese.

INTRODUÇÃO:
POR QUE ESTE LIVRO

Falar em jornalismo sindical é falar em jornalismo especializado. Jornalismo dirigido a um público bem definido. Jornalismo para uma classe, seu estilo de vida, seus valores. Uma classe com sua história, sua cultura, seu futuro e, conseqüentemente, sua linguagem particular.

A primeira diferença que salta aos olhos ao comparar um jornal comum com um jornal para operários é que o primeiro é feito para quem quer ler. E o outro para quem não gosta de ler.

As estatísticas sobre leitura de jornais no nosso país são claríssimas. O operário brasileiro quase não lê. Simplesmente porque no Brasil ninguém lê jornal. É óbvio que essa afirmação é um exagero. Mas é isso mesmo. Estatísticas da ONU, de 1994, demonstram que o Brasil é o 68º. país do mundo em leitura de jornais. Isto é, quase não se lê jornal no Brasil. Aqui se publicam diariamente mais de 6 milhões de exemplares. Mas isso não é nada frente à tiragem diária do jornal japonês *Asahi Shimbum*, que hoje chega a uns 18 milhões. Essa é a grande diferença. Os 6 milhões e pouco de exemplares diários dos vários jornais do país são lidos por um público fiel. E o operário, a classe trabalhadora, não está dentro dele. Salvo raríssimas exceções. Algo como 2%. Esse fato, que será retomado mais adiante, traz conseqüências enormes.

Mas não é só isso que faz a especificidade de um jornal operário.

O jornalismo sindical tem características específicas por ser dirigido a trabalhadores situados em um lado determinado da produção. Essa especificidade aumenta muito mais quando analisamos o mundo do trabalho e observamos a classe operária tipicamente fabril. O jornal para essa classe deverá apresentar conteúdos e formas próprias. Globalmente, o operário tem uma forma determinada de se colocar frente ao mundo, e isso condiciona toda a sua vida. A produção fabril é o resultado de um trabalho executado coletivamente. Não se distingue, na peça produzida, qual foi a participação de um ou de outro. O que conta é o resultado final. O fruto do trabalho de todos. O seu jornal também precisa adequar-se a essa situação; daí o jornalismo operário.

Falar em jornalismo operário é falar de um tipo de jornal, de uma forma de transmitir a notícia que reflete o mundo de quem irá ler esse jornal.

Um jornal operário deverá ser bem diferente de um jornal para camponeses ou de um jornal para economistas.

Cada setor da sociedade tem sua psicologia, seu mundo cultural particular. Mas as diferenças entre um médico, um engenheiro, um historiador ou um advogado são relativamente pequenas quando eles estão lendo uma notícia sobre a Bolsa de Nova York ou a fome no Burundi. Porém as reações e análises serão nitidamente distintas se se tratar de um psiquiatra ou de um torneiro mecânico. Aqui as diferenças de classe são nítidas, com tudo o que isso traz de conseqüências na psicologia e nas reações de cada um.

O que queremos ressaltar, enfim, é a enorme diferença que existe entre os dois mundos. O mundo no qual vive um gerente de agência de propaganda e o de um operário químico, por exemplo. Por mundo entendemos o conjunto de valores, idéias, sonhos, práticas, lutas e relações sociais. Precisamos analisar que conseqüências traz o fato de o leitor de um jornal ser psicólogo ou sapateiro, psiquiatra ou fresador. Conseqüências do ponto de vista do conteúdo, da forma, da linguagem.

O aspecto que queremos analisar nestas páginas é a especificidade que encerra o fato de ser operário. Operário fabril, industrial, hoje, num país como o Brasil. Como transmitir notícias a cada membro dessa classe? Como atingir, por meio do jornal, essa parcela enorme da população? Qual a especificidade de um público operário? Como transmitir idéias, imagens, sonhos, planos, programas, palavras de ordem ou simples informações a essa classe?

Partimos da premissa de que cada classe tem seu mundo e cada mundo tem sua linguagem, seu idioma. Assim, o jornal da classe operária deve ser escrito num idioma específico: o idioma do operário. Qual? Veremos adiante.

POR QUE JORNALISMO OPERÁRIO?

Por que um jornal para operários tem de ter um estilo, uma linguagem, uma arte especial? Será que não poderia ser o mesmo jornal endereçado a um bancário, a um engenheiro ou a um ortopedista?

O que faz essa especificidade da classe operária? Qual a forma de raciocinar, de falar do operário? Qual, então, a melhor forma de comunicar idéias, informações, projetos que sejam inteligíveis a essa classe?

Cada um é influenciado pelo que faz

Hoje, na sociedade capitalista em que vivemos, não se pode dizer que a pessoa é o que ela faz. Isso seria verdade se os indivíduos pudessem escolher a profissão livremente, segundo seus gostos e aptidões naturais.

Não são necessárias muitas palavras para mostrar que tudo isso hoje é um sonho. As pessoas trabalham no que dá, no que a sociedade permite. Muitas, aliás, nem trabalho encontram. A lógica da sociedade neoliberal exclui, cada vez mais, milhões de trabalhadores do direito elementar ao trabalho. Mas, se não é verdade que as pessoas são aquilo que elas fazem, certamente podemos dizer que são influenciadas pelo que fazem. O trabalho que cada um faz influi em profundidade sobre a personalidade. A atividade e a maneira como ela é praticada influem consideravelmente na vida da pessoa.

Assim, o operário é moldado pelo que ele faz, tanto quanto um funcionário público sofre a influência do meio que ele administra e da forma como isso se dá.

A vida, o que alguém pensa, faz, sonha, come, bebe, enfim, tudo é profundamente influenciado pelo trabalho que ele executa. O conjunto das atitudes, as reações e até a ideologia sofrem essa influência. O modo de vida, os ideais, os gostos, os costumes, as relações se diferenciam profundamente dependendo do trabalho que a pessoa faz.

Isso, porém, não significa que o que se faz determine toda a vida. A influência é exercida duplamente pelo que é feito e pela maneira como é feito. São duas faces da mesma moeda. O que é feito não tem poder de influenciar sozinho a personalidade. É preciso analisar também o como, ou seja, em que condições é feita a coisa. Condições que significam, sobretudo, relações de produção. Uma coisa é produzir uma rede para ir pescar num sítio agradável. Outra é produzir fios numa enorme tecelagem para a confecção da mesma rede.

As relações de produção são um aspecto básico para o que nós estamos analisando. Cada profissão se insere, de uma forma própria, na sociedade e está encaixada em determinadas relações de produção.

É só pensar num torneiro mecânico trabalhando numa grande metalúrgica. Ele está cercado de muitos outros torneiros. Tem um encarregado que está abaixo do chefe, o qual está abaixo do gerente, o qual está abaixo, e assim vai indo. Lá na seção, trabalha-se no projeto que se encaixa em outro plano, determinado sabe-se lá por quem e onde! E nosso torneiro produz inúmeras peças que, ele sabe, darão um grande lucro. Neste, ele sabe melhor ainda, terá uma participação mínima. Esse conjunto de relações influencia suas reações e toda a sua psicologia.

Já as relações sociais e as relações de produção para um advogado autônomo são outras. O advogado quase não tem nada em comum com o que o torneiro produz e menos ainda com as relações de produção sob as quais o torneiro trabalha. Cada profissão está ligada a todo um modo e estilo de vida. Basta pensar na remuneração que cada profissão tem em nossa sociedade. Só isso já determina vários hábitos e valores. Uma pessoa de determinado poder econômico pertence a uma determinada classe. Aos poucos, normalmente irá assumindo os valores, o estilo, a ideologia dessa classe. Isso pode demorar, mas a tendência geral é nesse sentido.

Cada profissão, na sociedade na qual vivemos, profundamente dividida em classes, tem determinado *status* social. Assim, um bancário faz questão de diferenciar-se de um peão de obra, mesmo que hoje em dia as duas profissões tenham um valor monetário bem parecido. O bancário se recusará a levar marmita ao banco. Preferirá almoçar um sofrido sanduíche de plástico no McDonald's. Enquanto o servente de pedreiro "queimará lata", tranqüilamente, numa obra bem ao lado do palácio luminoso do império americano. Ao mesmo tempo, um e outro julgarão o serviço de bancário bem mais nobre que o vulgar serviço sujo do servente de pedreiro. Este é o senso comum. É o que as novelas e o Silvio Santos ensinam.

Vamos aplicar isso ao nosso tema. Que tipo de jornal lerá o bancário freqüentador do McDonald's? E o pedreiro que trabalha, come e dorme na grande construtora?

Como fazer um jornal que atinja o trabalhador? Como não fazer um jornal para advogados pensando que é para metalúrgicos? Como não dar a um programador um jornal de peão de obra?

No mundo concreto
de quem constrói tudo

A característica do operário é operar inúmeras máquinas e com elas construir tudo o que está a nossa volta. Do edifício à rua asfaltada, do ônibus à caneta, da panela ao computador, do semáforo ao automóvel. Tudo é feito diretamente ou indiretamente pela mão do operário. Ele manuseia milhares de ferramentas diferentes para obter este ou aquele resultado.

A primeira idéia que podemos tirar disso é que o trabalho operário é um trabalho *concreto*. É um trabalho com um plano perfeitamente definido, determinado. É uma ação com objetivos claros, muito bem delimitados. O pintor industrial não vai pintar um carro sem saber a cor. Ele não vai começar a pintar um pára-lama de vermelho e acabar com cor verde. Nem vai resolver pintar um sol nascente ou uma rosa na lateral de uma máquina. O torneiro mecânico, para produzir um eixo, só pode usar uma determinada ferramenta, ou uma parecida. E esse eixo não pode ficar no torno durante dez dias. Se o tempo previsto para produzi-lo são oito horas, não dá para demorar 24 horas. Para alcançar tal objetivo ele tem um método de trabalho e um tempo previsto de operação. Tem um programa com tempo e método definidos.

O resultado do trabalho também não pode aparecer de qualquer jeito. A grande maioria dos produtos do trabalho tem de ser exata, extremamente certa. Todo produto tem um padrão. Uma qualidade a garantir.

Isso nos leva a outra grande característica do trabalho operário: a *objetividade.* Tal peça, tal ponte, tal roda serve ou não serve. É boa ou não é boa. Obviamente há uma tolerância, mas no fim das contas há um julgamento objetivo. Se a avaliação for errada, os efeitos aparecerão logo em seguida.

Outro aspecto que impregna a vida operária é a gravidade, a *seriedade* do assunto. Muitas vezes a operação produtiva, em si, não exige maior seriedade nem o resultado implica especial responsabilidade. Porém a situação do trabalho fabril, com suas metas, índices e lucros preestabelecidos, exige do operário uma tensão constante. Esses componentes acabam se incorporando ao seu estilo, ao seu jeitão. Assim, a produção, toda ela, exige um grande nível de responsabilidade. Alguns gramas a mais de uma substância química são suficientes para mudar o resultado de um produto. Um remédio pode transformar-se em veneno. Um parafuso solto pode causar um desastre. Um fio, em curto-circuito, pode incendiar todo um edifício e uma viga torta pode comprometer toda uma construção. O jovem operário pode estar com a cabeça no último *rock* do seu ídolo. Só que não pode esquecer que a máquina é uma fera. Um momento de desatenção pode custar-lhe um dedo ou um braço. No mínimo pode ganhar o olho da rua.

Dessas rápidas olhadas sobre o trabalho operário salta aos olhos a diferença que existe entre essa atividade e outras formas de trabalho.

Trabalhar com a enxada na mão não exige a mesma tensão constante. Nesse caso, o que provoca tensão é a expectativa do resultado final. Mas ela não se faz presente a cada segundo do desenvolvimento das várias operações. Aqui não vai nenhum julgamento de valor dos vários tipos de trabalho. Interessa ver os vários estilos de trabalho e a influência que isso tem na psicologia de quem os executa. Influência na psicologia e, conseqüentemente, na maneira de se comunicar com esses vários sujeitos. Deste fato derivam inúmeras conseqüências para quem quer e precisa fazer um jornal para operários. Fazer jornalismo operário.

O estilo do trabalho operário nada tem em comum com a atividade parlamentar de um deputado. O mesmo se pode dizer comparando com uma consulta de um psicólogo. Os frutos de um trabalho de análise terapêutica podem ser profundíssimos, capazes de mudar o curso de uma vida. Enquanto produzir um parafuso a mais ou a menos não muda nada no mundo.

Mas o parafuso tem uma objetividade imediata, palpável, concreta que a sessão de terapia não tem.

Ao fazer um plano de lançamento de um produto, o propagandista verá os frutos bem depois e nem sempre bem definidos. Ao construir uma porta, o marceneiro terá uma porta pronta no fim do trabalho, ou não a terá.

Quanto ao peso da responsabilidade de cada operação do operário no seu trabalho, o raciocínio é o mesmo. O operário frente a uma máquina não tem direito de ter dúvida ou qualquer tipo de insegurança. Um fotógrafo pode um dia estar sem inspiração. Um professor pode não dar tal matéria naquela semana e concentrá-la na próxima. O técnico que supervisiona os sofisticados computadores que testam as turbinas de um avião não pode sonhar em se descuidar. O descuido pode provocar a morte de centenas de passageiros. O tipo de trabalho do operário fabril é cheio de exigências e tem ritmo bem determinado. Não há espaço para inspiração ou disposição. Dessas premissas derivam algumas conclusões imediatas.

O jornalismo operário, para atingir seu público, necessita ser *concreto*. Do mesmo modo que é concreta uma ferramenta, uma janela, um motor. Não dá para escrever grandes elucubrações, cheias de nuanças, de ironias, de subentendidos. Não dá para simplesmente sugerir tal ou qual idéia.

Quem está acostumado a apalpar o que produz gosta de ler coisas concretas, sem rodeios. Palpáveis.

O outro aspecto ligado a essa concretude é a *objetividade.*

É evidente que há conceitos complexos a ser explicados. Sobretudo, na luta operária, há idéias que precisam ser usadas constantemente e que não são simples, concretas e tocáveis. Não são uma barra de ferro ou um tijolo. A arte de quem escreve para operários é conseguir explicar conceitos complexos com simplicidade. É quase um "traduzir" idéias abstratas. Dizer de outra forma "ideologia", "hegemonia", "relação de produção". Traduzir em palavras concretas, práticas. Vindas da experiência de trabalho e de vida do leitor. Essa é uma arte difícil, porém essencial.

O jornal operário, além de ser concreto, tocável, objetivo, deverá ser também muito *direto*. O operário, para fazer, construir, realizar, precisa ser rápido, eficiente e direto. Não há espaço, no trabalho operário, para rodeios, voltas.

Adiante veremos que a maneira de o operário falar é direta e curta. Rápida. A fala do operário é "sim, sim", "não, não". As dúvidas existenciais, as incertezas e os problemas, se existem, precisam ser resolvidos a toque de caixa.

Não há espaço, num jornal operário, para frases rebuscadas, ou melhor, enroladas. Por que escrever uma frase de 50 palavras ou às vezes de 100, tipo esta abaixo?

"Os pobres, levando em conta toda a história do nosso país, desde quando Pedro Álvares Cabral chegou aqui, o que, diga-se de passagem, foi por acaso, trazendo consigo a herança de uma sociedade feudal, onde os senhores mandavam e os servos só faziam obedecer — continuando a velha tradição da época da escravidão pura e simples —, praticamente, poderíamos chegar à conclusão, quase não têm opção alguma."

Por que esse vaivém? Para que esses incisos, esses gerúndios todos? Para que usar tantas palavras inúteis? A frase nua e crua é: "Os pobres não têm opção". O "quase" ou o "poderíamos chegar à conclusão" são redundância. Só servem para confundir. Afinal, pobre tem ou não tem opção? Isso é concreto. Isso é direto. É isso que o jornal operário precisa dizer. O resto que se diga. Mas em quatro ou cinco frases claras e curtas.

É assim que a máquina ensina, é assim que a máquina exige. A linguagem de um jornal operário deverá ter, também, essas características.

A formação escolar

Conhecer a escola que a classe operária freqüenta é determinante para quem quer fazer um jornal operário. Ela é quase sempre diferente daquela freqüentada pelo jornalista que vai escrever um jornal para trabalhadores. Nesse aspecto há uma clara contradição entre o leitor operário e o jornalista que escrever para operários.

Um jornalista que faz jornais operários é um ser totalmente diferente do seu leitor. Vivemos num país onde a distância entre o operário e um "doutor" é enorme.

O jornalista não é um "doutor", mas um sujeito "estudado", que "tem leitura", e muita! Na sociedade de hoje o trabalhador que mal terminou a oitava série se sente inferiorizado. Totalmente distante de quem freqüentou qualquer faculdade. Vivemos numa sociedade profundamente dividida em classes sociais e com uma recente história colonial. A cultura da escravidão ainda está viva nos seus efeitos. Faz uma enorme distinção entre trabalho intelectual e trabalho manual.

Isso coloca a anos-luz de distância do jornalista o operário que vai ler o seu produto.

A contradição aparece, pois, entre esses dois pólos. Aqui não está em discussão a ideologia nem a filiação política dos dois pólos da contradição. Jornalista e operário podem estar no mesmo partido, segurando a mesma bandeira. Isso não impede que os dois vivam em planetas diferentes.

Essa diferença o jornalista não a verá claramente, pois na maioria das vezes ele toma como referência o dirigente sindical. Este não é o parâmetro. O dirigente acaba tendo uma vida intelectual diferente do trabalhador de sua base. Esse é um fato lógico. E o jornalista precisa levá-lo em conta. Ao fazer um jornal sindical, precisa ter presente outro destinatário, não o diretor do sindicato. Um destinatário bem distante. Bem diferente dele e do próprio dirigente sindical. Um destinatário que nunca vai assistir a um filme num shopping center. Aquele que nunca vai ler a *Folha de S.Paulo*, *O Globo*, ou *Zero Hora* e muito menos a *Veja* ou *IstoÉ*.

Os hábitos, os costumes e o estilo de vida dos dois são totalmente distantes. E a língua? Será a mesma?

Aparentemente, sim. Todos falam o idioma padrão, o português. Mas na verdade cada um fala um idioma. Analisaremos isso mais adiante. Neste capítulo importa verificar que a formação escolar do operário é totalmente diversa daquela do jornalista. Isso tem conseqüências profundas.

Qual é a escola que o operário freqüenta?

A situação de precariedade e baixo nível das escolas freqüentadas pelos filhos de operários é amplamente conhecida. Dessas escolas muito dificilmente sairão jornalistas. Em contraste com essas escolas de periferia, encontramos escolas para a futura classe dirigente. Elas são do mesmo nível dos mais sofisticados colégios americanos. Nessas operário não entra.

Em vez dos sofísticadíssimos laboratórios, bibliotecas, parques, piscinas, teatro, encontramos na periferia das cidades escolas miseráveis. Destas, as crianças saem, após oito anos, praticamente analfabetas.

Os futuros dirigentes do país são formados em escolas-modelo. Enquanto isso, uma massa enorme de milhões de futuros proletários passa alguns anos em subescolas. Escolas sem as mínimas condições: sem laboratório, sem biblioteca, com professores ridiculamente remunerados, enfim, sem nada. Escolas com crianças subnutridas. Filhas do salário mínimo, que não têm as mínimas condições de aprender.

Escolas onde os alunos trocam de professor mais do que os alunos das escolas da classe A trocam de camisa. Um aluno dessas escolas da periferia chega a trocar de "professora substituta" até dez vezes em um ano! Essa é a escola que o sistema oferece para a maioria.

São essas as escolas das quais saíram e sairão os novos operários.

Qual jornal esses futuros operários formados nessas escolas vão ler? Qual o melhor meio para interessá-los à leitura? Qual é o jeito de fazer jornalismo operário levando em conta essa realidade escolar dos futuros operários?

Essa situação é comum a todos aqueles que freqüentaram apenas os primeiros anos de escola. Isto é, para a imensa maioria da classe operária do Brasil.

Os dados sobre a escolaridade da nossa classe trabalhadora são tão estarrecedores quanto os do nível de leitura de jornais.

Uma pesquisa realizada pela Federação das Indústrias do Estado de São Paulo (Fiesp) e pelo Senai, em 1994, nos dá uma idéia geral. Por esses dados, 67% dos operários das fábricas da Grande São Paulo não terminam o 1º grau. Mais ainda, têm em média cinco anos de escolaridade. Os operários acima dos 25 anos, em sua maioria, encaixam-se nessa faixa. Entre os mais jovens, o número dos que estudam até o 2º grau é bem maior.

A média nacional dos que têm o 2º grau completo chega, segundo dados do MEC de 1995, a 17%. Quantos operários estão nesses 17%?

Para esses, a distância do mundo dos que têm "leitura" é menor.

Um jornal para essa camada da classe pode ser feito com menos preocupações quanto à sua compreensão.

Hoje, em cidades como São Paulo, Rio de Janeiro, Porto Alegre, Belo Horizonte, há uma grande diversificação da produção industrial. Essa diversificação se observa não só nos produtos, mas na classe operária que trabalha nas fábricas. O operário clássico de uma siderúrgica ou de uma fundição tem grandes diferenças em relação ao novo operário de uma indústria de informática. Diferenças de origem, de escolaridade e de comportamento. Também o grosso dos operários de uma fábrica de máquinas apresenta características diferentes da média dos operários de uma fábrica sem grandes necessidades técnicas, como uma de torneiras.

Essas diferenças precisam ser levadas em conta ao se escrever jornal para esses destinatários.

É claro que é necessário mudar esta situação de precariedade escolar da classe operária. Mas o fato hoje é este. Esta é a realidade sobre a qual os sindicatos querem influir para mudar. O fato é que os sindicatos, hoje, em 1998, publicam várias dezenas de milhões de boletins/jornais mensalmente. E essas dezenas de milhões de boletins ou jornais querem atingir trabalhadores que estão nessa situação de escolaridade.

É evidente que além do jornal/boletim é preciso pensar todo um arsenal de outros instrumentos de comunicação, da televisão ao rádio. Mas, enquanto os sindicatos não tiverem condições ou disposição de usar outros instrumentos, os jornais e boletins continuarão a ser produzidos. Então como fazer um jornal que ajude o trabalhador a se tornar um leitor assíduo e interessado? Quais as condições a preencher em termos de linguagem, apresentação, periodicidade e distribuição para chegar a esse objetivo?

Em síntese, a experiência escolar da classe operária é limitada e falha. O jornalismo operário precisa levar em conta esse fato. É preciso aprender a escrever para pessoas que só fizeram o 1º grau. É preciso levar em conta as condições que a sociedade oferece para a classe operária. Isso requer uma compreensão e uma prática da arte da comunicação especiais.

Gueto cultural

O operário, salvo uma pequena parcela altamente especializada, vive em seu mundo, isolado. Mundo cheio de rotinas e alimentado culturalmente pelo que a sociedade programa para ele. É com grande dificuldade que esse operário consegue alimentar-se culturalmente com produtos diferentes dos oferecidos pela cultura de massa.

O operário que sai de sua casa às 4h30 da manhã para retornar ao "doce lar" depois das 20 horas tem poucas opções culturais. Sua extenuante jornada de trabalho, coroada com umas duas horas extras, não deixa espaço para isso. Não tem nenhuma chance de crescer culturalmente.

A rotina mais maçante rege toda sua vida. É o mesmo ônibus lotado, onde todo mundo fica cochilando. A paradinha em frente da banca de jornal para ver a história do bebê que nasceu com duas cabeças. Ou a última do chupa-cabras. E já toca a sirene da fábrica.

Na hora do almoço comenta a briga com o motorista do ônibus, ou a bunda daquela gata da padaria. Ou o Silvio Santos da véspera, ou às vezes a notícia daquela guerra lá na África que pintou no *Jornal Nacional*. No fim do dia, a mesma corrida para o maldito ônibus de volta. Em casa, a conta a pagar, o filho que a mulher vai levar ao médico no dia seguinte. De novo o *Jornal Nacional* e a novela. O sono já chegou e ele precisa dormir para enfrentar um outro dia monotonamente igual ao anterior. Essa é a vida de milhões de operadores de máquinas, ajudantes gerais, montadores, auxiliares, etc.

E nessa vida não há espaço para jornais, revistas e, menos ainda, livros.

O sistema precisa de uma enorme massa de mão-de-obra desse tipo. Sem tempo para pensar, conversar, perguntar ou questionar. Capaz de agüentar essa vida por 35 anos sem se rebelar.

O operário vive num gueto, isolado do resto do mundo. Tanto faz que ele viva em São Paulo, Rio de Janeiro, Curitiba, Recife, Belo Horizonte ou Fortaleza. Na verdade, ele não mora em nenhuma dessas cidades. O operário vive sempre numa única grande cidade chamada periferia. Não faz diferença morar na periferia desta ou daquela capital. Ele nem vai ao centro da cidade. Ir ao centro fazer o quê? Ao cinema? Não precisa: a Globo já apresenta os enlatados certinhos para ele. Ao teatro? Que teatro? O único teatro de que operário ouviu falar foi aquele de mulher pelada no dia que se machucou e foi ao INSS no centro da cidade. Ir à cidade fazer o quê? Comprar livros? Que livros? Os livros das crianças a professora já leva à escola. Ir a um show, a uma conferência, a um encontro? Não. Ele está confinado a seu gueto, igual a um judeu na época de Hitler ou a um negro norte-americano confinado nos seus bairros.

Esse gueto é criado pouco a pouco pela sociedade na qual ele vive. A cidade, o centro, os bairros "bons", aqueles da Zona Sul, são habitados por gente de classe média ou alta. Pelo centro da cidade o operário só passa quando vai visitar a sogra. Pois é ela que mora na periferia do outro lado da cidade, e ele tem de fazer baldeação de um ônibus para outro. Aí ele vê que na cidade há um montão de cinemas, de bancas de jornal, etc. Isso na imensidão de São Paulo. Em outras cidades ele não vai, nem mesmo aos domingos, ao centro da cidade.

Não é simples escrever para esses trabalhadores sobre o processo histórico, a conjuntura, a liberdade de organização, a relação maioria-minoria e tantas outras coisas. Para um jornalista que teve uma formação escolar totalmente diversa e vive em uma realidade diferente, o desafio é total.

A LEITURA OPERÁRIA

Na apresentação disse, de forma nua e crua, que no Brasil não se lê jornal. Obviamente, essa afirmação é um exagero total. Mas, então, lê-se ou não no Brasil?

Essa pergunta precisa ser respondida antes de qualquer coisa. Ela nasce de uma intuição generalizada de que jornal não é uma paixão preferida da maioria do nosso povo.

É necessário ir além da simples estatística que revela que no metrô da Inglaterra ou do Japão mais da metade dos passageiros lê jornal. Os jornais mais lidos têm uma tiragem de vários milhões. No nosso país é de somente dezenas e raramente de algumas centenas de milhares. E daí? Quais as conseqüências para quem vai fazer jornalismo sindical?

A leitura de jornais no Brasil e no mundo

Segundo dados do IBGE, em janeiro de 1984 havia no Brasil 525 jornais diários, num total de 1.587.087 exemplares. Esse dado, isoladamente, não diz muito. Se quisermos ter uma idéia real do nível de leitura de jornais no país, precisamos compará-lo à situação em outros países.

No Japão, na mesma época, com quase a mesma população do nosso país, vários jornais saem com milhões de exemplares. Alguns têm até cinco edições diárias. Todo mundo já ouviu alguém contar que o brasileiro que chega ao Japão leva vários choques. Um dos que mais o impressionam, ao subir no metrô, é ver que 80% dos passageiros estão lendo um livro ou, "no mínimo", jornal. É por isso que o *Yomiuri Shimbum* tinha em 1984 uma tiragem de 13.600.000 exemplares por dia. O *Asahi Shimbum* tinha 12.500.000, e assim por diante.

Na Argentina, no mesmo ano, também encontramos um número de leitores de jornal bem superior ao nosso. Nesse país, com um quinto da população brasileira, lêem-se bem mais jornais que no Brasil.

Mesmo num Estado industrializado como São Paulo, onde encontramos indústrias de alta tecnologia, como Embraer, Siemens, Rhodia, Cosipa, IBM, etc., a tiragem dos principais jornais é irrisória.

Após rápida olhada nesses dados, uma resposta para a pergunta inicial fica mais fácil.

É um fenômeno cultural que precisa ser analisado para descobrirmos suas causas. Mas, sobretudo, é necessário analisar o que isso implica ao se escrever um jornal operário.

Para quem está interessado, preocupado com o jornalismo operário, saber se no Brasil se lê ou não jornal não é curiosidade erudita, é uma questão básica.

A crueza da verdade, muitas vezes, dói. Em geral os dados existentes sobre o nível de leitura no país são irreais, ou conscientemente distorcidos.

Um salto para os números de 1997

Há pouco fiz uma afirmação provocatória. Disse que, entre os operários, em torno de 2% lêem jornal diariamente. Qual pesquisa dá respaldo a essa afirmação? Nenhuma. Não há dados a esse respeito. Nem do IBGE, nem da Fiesp, nem, o que é pior, dos sindicatos. Ao fazer essa pergunta a vários dirigentes sindicais, você recebe as respostas mais estapafúrdias. Desde quem afirma assim, no chute, "uns 50%", até quem, mais modestamente, desce aos 10%. Pois levantamentos específicos, feitos em uma dúzia de fábricas do Estado de São Paulo em agosto de 1996, dão um outro quadro. São dados levantados diretamente nas fábricas, por dirigentes sindicais atentos, para o livro *Comunicação Sindical, Falando para Milhões*. Por essa amostragem, chegamos lá pelos 2%, e olhe lá se dá isso!

Leitura de jornais em fábricas do Estado de São Paulo

FÁBRICA	CIDADE	PRODUTO	TRABALHADORES	JORNAIS
Lorenzetti	SP	Eletrodomésticos	1.800	7
Sylvania	SP	Lâmpadas	515	10
Avon	SP	Perfumes	570	15
All Star	SP	Calçados	420	4
Antarctica	SP	Bebidas	1.050	13
Freios Vargas	Limeira - SP	Autopeças	1.800	0
M 2000	Franca - SP	Calçados	400	2

Fonte: Comunicação Sindical, Falando para Milhões, *de Claudia Santiago e Vito Giannotti, 1997, editora Vozes.*

Uma confirmação desses dados, tipo prova dos noves, foi feita na fábrica Magneti Marelli, do grupo Fiat, em outubro de 1997. Nessa metalúrgica de Guarulhos, na fábrica, sem contar o escritório, havia naquele mês exatos 234 operários. Quantos jornais entravam lá por dia? A trabalhadora de lá que forneceu o resultado, após quinze dias de observação, afirmou, meio constrangida: zero. Simples. zero vírgula zero. Quanto dá a porcentagem? zero por cento!

Essa realidade e esses dados batem, empiricamente, com o dado geral da leitura de jornais no país. Pelo Índice de Circulação de Veículos (ICV), no Brasil editam-se 46 jornais a cada 1.000 pessoas.

Isso dá a média de 4,6% de leitores. Esse dado, obviamente, não leva em conta quantas pessoas lêem o mesmo jornal e outras considerações. Mas, atendo-nos a esse dado, se no Brasil 4,6% lêem jornal, podemos ficar com uns 2% de operários. A realidade não deve estar longe desse número.

A leitura de jornais nas fábricas de São Paulo

Vimos que a porcentagem de brasileiros que lêem o seu jornal diariamente é muito baixa. Nível impressionantemente fraco para um país com cerca de 1 milhão de universitários e que tem, em 1998, o 7º PIB do mundo.

A pergunta agora é: quem lê jornal no Brasil?

Mais especificamente, queremos saber: operário lê jornal?

A resposta a essa pergunta determina todo o sentido deste texto. Se chegarmos à conclusão de que operário brasileiro não lê, evidentemente sindicatos e partidos deverão levar isso em conta ao fazer um jornal dirigido ao operariado. Deveremos pensar em novos meios de comunicação de massa. Ao mesmo tempo que se deverá pensar em tornar mais comunicativos e atrativos os jornais e boletins que forem feitos.

Se, ao contrário, virmos que uma grande parcela de operários brasileiros lê jornais, a conclusão será outra. O jornal, enquanto instrumento de comunicação de massa, manterá sua função destacada e insubstituível.

Um caso exemplar de observação

Para responder à pergunta sobre se o operário brasileiro lê, apresentamos um primeiro dado que achamos altamente demonstrativo.

Em março de 1984, foram consultados quinze operários da seção de ferramentaria da *Arno*, para saber quantos compravam um jornal diariamente. A resposta foi simples: uns cinco. E no fim, depois da insistência do pesquisador, chegaram à conclusão de que eram só quatro, dizendo os nomes, ou melhor, os apelidos dos quatro.

Que fábrica é essa? É a *Arno*, indústria com uma área de ferramentaria das mais especializadas da América Latina. Na ferramentaria, a seção mais bem paga era justamente a 4616. Nessa seção havia dez trabalhadores. Muitos deles com um nível escolar elevado, bem acima da média dos metalúrgicos de São Paulo. O salário oscilava entre sete e onze salários mínimos mensais. E, com tudo isso, entravam na seção somente quatro jornais por dia.

Depoimentos de jornaleiros

Há uma ótima fonte de informação para saber qual o nível de leitura de jornais entre a classe operária em São Paulo. É um bate-papo com jornaleiros de bancas perto de alguma fábrica grande, ou em algum corredor de fábrica.

Na esquina das ruas Barão de Monte Santo e Sarapuí, na Mooca, em São Paulo, existe uma banca há muitos anos. Está situada a 50 metros da portaria de uma grande empresa de fogões, a BS Continental, com uns 3.000 trabalhadores. Lá trabalha até hoje, há uns vinte anos, uma jornaleira que conhece todos os seus clientes. Ela sabe o que cada um lê, a profissão de cada um, em que fábrica e seção a pessoa trabalha. Conhece todos os seus clientes pelo nome. Vê os operários se aproximarem e já prepara o jornal ou revista de cada um.

Nessa esquina, quase em frente da banca, há um ponto de ônibus onde param mais de dez linhas. Os operários vêm das vilas-dormitórios do extremo da Zona Leste e da divisa com Santo André. Essa banca está localizada no coração industrial do velho bairro da Mooca. Ali, naquele ponto, descem muitos operários que trabalham nas fábricas das redondezas.

Para os 10.000 trabalhadores que passam por ali não há outra banca de jornal nas proximidades.

Esses 10.000 operários não têm condições de perder tempo em comprar jornal de manhã. Lá pelas 4h30 saem de casa correndo para tomar o ônibus. Não interessa para eles comprar o jornal antes de chegar à fábrica. É inútil. No ônibus ninguém consegue ler nada. Não há espaço.

Além disso, qual é a vila que tem banca de jornal aberta às 5 horas da manhã?

Por causa disso, chegamos à conclusão de que os 10.000 trabalhadores que desembarcam lá, naquela esquina, em frente da banca, só compram jornal ali. Ou melhor, não compram ali nem em lugar nenhum.

Eis os números que a jornaleira forneceu em 1983:

"Ontem vendi 101 jornais. Assim: 20 exemplares da *Gazeta Esportiva*, 10 do *Diário Popular*, 5 do *Popular da Tarde*, 30 do *Jornal da Tarde*, 14 do *Notícias Populares*, 8 da *Folha de S.Paulo* e 14 da *Folha da Tarde*. Isso foi ontem, porque era segunda-feira. Hoje vou vender mais ou menos 85. É essa a minha cota, porque a *Gazeta Esportiva* cai".

"Quem compra jornal de você?"

"Olha, é tudo de encarregado pra cima. Operário é pouquíssimo. Operário não compra jornal."

"Mas como? Tem mecânico que compra aqui!"

"Eu estou falando de operário. Operário-operário nenhum compra, já te falei. Mecânico e ferramenteiro, sim. Quero dizer, operário que usa macacão não compra jornal. Mas, é claro, ele não tem condições. Você sabe quanto custa este jornal que você tem na mão? Ele vem e vai para o trabalho com o dinheiro que paga pelo jornal. Se sobrar, ele vai tomar café com pão na manteiga ou pagar a condução. O que você acha que ele vai fazer? Operário não compra. Não tem condições, não tem hábito."

"Será que o pessoal não compra o jornal lá no bairro?"

"Nada disso. Lá não tem banca aberta a esta hora."

Para essa jornaleira, a coisa é clara: operário comum, não especializado, não compra jornal. Ela criou até novos conceitos próprios dela, tipo "operário-operário". O importante é o suco do depoimento dela.

Vejamos ainda um outro caso, também de 1983, de um velho jornaleiro que está do lado oposto da cidade: Freguesia do Ó. Sua banca está situada perto da fábrica de filtros de carros Irlemp. Ele é o jornaleiro dos trabalhadores da Irlemp. Escutemos quantos jornais entram naquela fábrica. Ele vai dizer quem são os compradores. Sua banca se situa perto de cinco fábricas médias e várias pequenas.

À pergunta feita a esse jornaleiro por um seu freguês, sobre quantos jornais vendia e para quem, ele respondeu:

"Operário? Olha, moço, operário que compra jornal é pouquinho. Minha cota é sempre aquela: são 80 jornais ao todo. Conheço todo mundo que compra; são sempre os mesmos. É assim. Os operários que compram meu jornal são estes: 5 levam a *Gazeta;* 6 o *Notícias;* 3 o *Popular da Tarde;* 2 o *Diário Popular* e 5 a *Folha da Tarde*. Os outros eu vendo para o escritório".

Então? Quantos jornais são lidos nas fábricas de São Paulo?

As ilusões de muitas pesquisas

Não é só o dirigente sindical apressado que trabalha com dados fantásticos sobre o nível de leitura de jornais nas fábricas. As raras pesquisas sobre esse assunto trazem dados irreais.

As pesquisas, quando tratam de leitura de livros, revistas, gibis, em geral são fiéis. Quando se trata da leitura de jornais, porém, aí saem totalmente fora da realidade.

Muitas vezes os dados fornecidos aos pesquisadores pelas pessoas entrevistadas não têm nada a ver com a realidade. Os motivos pelos quais as pessoas contam histórias aos pesquisadores são os mais diversos. Mas é um fato que muitas pessoas contam histórias. Em nenhuma fábrica de São Paulo, nem na mais especializada, se obtém um índice de 10% de trabalhadores que compram jornal. Isso entre homens. Entre mulheres, que por mil razões não são especializadas, então, a porcentagem baixa enormemente. No entanto, em muitas pesquisas aparecem resultados superiores.

Tomemos uma fábrica tradicional de São Paulo, a Máquinas Piratininga, onde trabalham quase unicamente profissionais. O salário é várias vezes superior ao piso da categoria e o nível escolar é maior do que a média. No entanto, de 300 operários que lá trabalhavam, na unidade da Mooca, não entravam 5% com o jornal no bolso.

Entre as trabalhadoras, essa porcentagem cai tremendamente. É só pesquisar em grandes fábricas de mulheres. Excluímos o caso de cargos de chefias femininas, em que, por várias razões, há encarregadas que lêem periódicos. Fora disso, a quase totalidade das mulheres metalúrgicas de São Paulo não lê jornal. As causas são muitíssimas. Além das comuns aos homens, as mulheres têm no mínimo dez causas a mais que as levam a não ler jornal. É toda a situação da mulher que pode explicar esse fato. Mas não vem ao caso examinar isso aqui.

As causas que levam os trabalhadores a responder de forma irreal a pesquisas sobre a leitura de jornais são várias.

Achamos que o operário responde de forma totalmente diferente a uma pesquisa sobre se ele fuma ou não e a uma pergunta sobre se ele lê ou não jornal. Fumar ou não fumar nada muda, ou quase, na cabeça do operário. Por isso, não receará dizer a verdade. Ao declarar que não lê jornal, o operário está reconhecendo que ele é da classe dominada, humilhada. Ele é vítima da dominação ideológica sobre a classe, devido a toda a influência da TV e dos outros meios de comunicação. Por essa razão, o operário falseará toda resposta sobre o assunto. A maioria dos operários que jamais compraram jornal afirmará que é um leitor assíduo. Essa é a forma de se defender quando for consultado por algum pesquisador. Este, a seus olhos, evidentemente deve ser um leitor religioso de vários jornais por dia.

Em nossa sociedade dividida em classes, o jornal acaba sendo visto pela classe operária como um instrumento da classe dominante. O jornal trata de política e de negócios. E quem faz política, nesta sociedade em que vivemos, são tão-somente os políticos profissionais. Negócios são assunto dos patrões e do governo. O jornal é visto como um bem de consumo da classe dominante, dessa que faz e desfaz a política e a economia. Uma pessoa que for pesquisar numa fábrica sobre leitura de jornais será vista automaticamente como parte desse mundo. Do outro mundo do qual o operário é excluído.

Esse outro mundo, o mundo dos de cima, exerce um certo encanto sobre os de baixo. Toda a sociedade é montada sobre isso. Assim, a maioria dos operários responderá um belo "sim" à pergunta sobre se lê jornal. Ou senão responderá "às vezes". É o mesmo mecanismo que leva o servente de pedreiro a fumar o mesmo cigarro do engenheiro, pelo menos aos domingos. Também o leva a deixar de almoçar, aos sábados, para beber o mesmo conhaque do mestre-de-obras. Por tudo isso, pesquisadores sérios acabam "comendo bola" quando pretendem falar da leitura de jornais pela classe operária.

Para as operárias, responder "sim" à pergunta sobre se lêem jornal significa uma necessidade de auto-afirmação. Significa equiparar-se aos homens, aos senhores. Significa necessidade de superar sua situação de inferioridade devido à condição feminina nesta sociedade machista. É auto-afirmação frente aos homens.

Achamos fundamental ter dados reais sobre a leitura de jornais nas fábricas. Isso é necessário para entender a importância da penetração de um jornal sindical, um "jornal operário". Uma coisa é saber que 10% dos trabalhadores de tal fábrica lêem o jornal do sindicato e que somente 3% se interessam em ler outros jornais. Outra coisa é saber que o jornal do sindicato é lido por 10% dos trabalhadores e que 50% lêem um jornal geral.

Operária lê jornal?

Essa questão paira no ar o tempo todo. Há receio de colocá-la claramente, como se isso significasse reforçar a situação de discriminação existente. Como se aumentasse o cordão dos machistas. No entanto, achamos que acontece exatamente o contrário. Evitar essa questão só reforça o machismo. É a típica atitude do avestruz que faz questão de não querer ver os problemas.

A situação da mulher operária já foi analisada sob vários ângulos. Aqui, queremos unicamente analisar um fato, uma das mil e uma conseqüências dessa situação. O fato é que operária não lê jornal, a não ser para ver o horóscopo.

Enquanto 2% ou 3% dos operários metalúrgicos de São Paulo entram na fábrica com um jornal, não se vê mulher fazendo isso. Pode-se afirmar tranqüilamente que jornal não é com mulher.

Como enfrentar esse fato?

Que sindicato é coisa de homem já é sabido. Que política também é coisa para homens é conhecido.

Que jornal, qualquer jornal, é coisa de homem também é evidente. É preciso analisar as causas e conseqüências desse fato. Analisar as implicações e tirar as conclusões.

A MENSAGEM E O IDIOMA "OPERARIÊS"

Cada movimento político está justamente preocupado com seu programa, seus objetivos, suas metas. Evidentemente, a estratégia final deve ser o centro das preocupações de um partido ou de organização política. Junto com a estratégia global, também a tática do dia-a-dia recebe uma atenção enorme; sem ela, nada se realiza.

A preocupação com os objetivos, o programa, a meta final e a discussão de como alcançar isso é o centro de qualquer movimento político. Mas é central também para qualquer agrupamento, seja ele o Rotary Clube, uma comunidade de jovens, um grupo de *rock,* um círculo de cineclube ou até a Fiesp.

Para muitas organizações civis, a necessidade de ter jornal pode não ser essencial, pois elas são compostas de sócios voluntários com finalidades precisas. Mas para as organizações políticas é essencial difundir idéias, planos, programas. Uma organização política visa estabelecer a hegemonia de sua visão e de seu programa na sociedade. Mas como fazer conhecer seu programa, suas idéias e ganhar a adesão de milhares de trabalhadores? Não há hegemonia sem que se comunique de forma clara, nítida e repetidamente martelada toda sua política. Essas idéias precisam espalhar-se, ser assumidas e ganhar o conjunto da sociedade, estabelecendo a tão sonhada hegemonia.

Para uma organização política operária, como um sindicato ou um partido, fazer propaganda das suas idéias é não só essencial como absolutamente vital. Sem propaganda, a organização definha e morre. Sem se expandir, a organização proletária perde sua força, torna-se inútil. Vira um clube de debate ou um círculo de compadres.

Com isso estamos entrando no assunto que nos diz respeito: a propaganda de um programa, a difusão de uma idéia. A informação e a formação. Evidentemente, hoje existem vários meios de comunicação de massa. Vão do rádio e da TV ao jornalzão geral. Cada um desses meios tem seu campo de ação, sua função e sua técnica específica. Visa "comunicar", ou seja, influenciar comportamentos.

Cada meio tem sua linguagem específica, dependendo do público e do objetivo a que se propõe.

O jornal operário terá necessariamente sua linguagem específica.

Como o jornal operário vai veicular suas idéias? Como vai falar dos planos, programas e objetivos de forma a ser lido, entendido e assimilado?

Qual a melhor forma de atingir os interessados, que às vezes nem estão tão interessados assim?

Vamos analisar, em primeiro lugar, a linguagem que esse jornal operário deverá usar. Uma linguagem adequada é essencial para superar o primeiro degrau da escada, que é fazer-se compreender.

As várias línguas dentro da mesma língua

Os jornais operários, aqui no Brasil, evidentemente são escritos em português. Em 1900, 1905, 1910 havia um monte de jornaizinhos operários escritos em outras línguas, como espanhol, italiano, alemão. E hoje? Hoje, todos eles deveriam estar escritos em português. Será que é isso mesmo?

Se formos analisar as várias palavras, a construção das frases, tudo, enfim, veremos que não há dúvida. Nossos jornais sindicais, nossos jornais operários são inegavelmente escritos no idioma português.

Só que falar isso e não falar nada é a mesma coisa, pois o problema dos jornais operários não é esse. O problema de um jornal que pretende atingir operários é ver em que português ele é escrito. Sim, porque há vários "idiomas portugueses". As duas línguas portuguesas das quais todo mundo já ouviu falar são o português comum e o português clássico. Porém essas duas distinções não resolvem nosso problema. A língua portuguesa, mais do que em clássica e comum, divide-se em "operariês", "economês", "psicologuês", "sociologuês" e outros "eses", conforme a camada ou o grupo social que a fala ou lê.

Assim, o idioma português divide-se em vários outros "idiomas". O desastre acontece quando se escreve em "psicologuês", "sociologuês" ou "esquerdês" para um operário não iniciado nessas línguas. Isso é mais ou menos a mesma coisa que entregar um jornal em português para quem só fala francês.

A idéia básica que está por trás disso é que operário tem sua própria língua. Língua moldada por toda sua vida. Seu trabalho e as relações de trabalho. Sua vida no ônibus e no bairro. Nessa lista entra a escola que freqüentou; afinal, tudo o que ele viveu e vive. Esse conjunto de sua vida, de sua específica situação de classe, molda o seu verdadeiro idioma: o "operariês".

A tendência atual, com a influência nacional da TV, é apontar para uma homogeneização cada vez maior da língua. O operário não fica fora desse fluxo. Mas o caminho é lento.

Ainda por muito tempo o operário continuará falando e pensando na "sua língua", o "operariês". E seguirá havendo a realidade de duas línguas, uma em ascensão cultural e outra em extinção. Durante muito tempo o operário pensará e continuará falando a "sua língua" quando estiver no seu mundo. Igual aos imigrantes que em casa falam a sua língua de origem e na rua se esforçam para falar a do novo país. A língua que "os outros" falam. Essa idéia de que existe a linguagem-padrão e várias outras linguagens de grupos específicos não é nova.

Essa idéia dos "vários idiomas" dentro do português foi crescendo, aos poucos, na equipe que fazia o jornal operário *Luta Sindical*. Era o jornal da Oposição Metalúrgica de São Paulo, que saiu com esse título de 1975 até 1984. A preocupação com a inteligibilidade do texto, entre essa equipe, era enorme. O resultado da elaboração da equipe sobre linguagem para jornal operário se espalhou e clareou aos poucos.

A idéia básica era que há vários idiomas entre os povos: português, suahili, chinês, árabe, russo, inglês, guarani. Da mesma forma, dentro de cada língua existem "várias línguas". Isso parece jogo de palavras, mas não é. Revistas como *Visão, Veja, IstoÉ, Exame,* por exemplo, são de difícil compreensão para a imensa maioria do povo, dos operários. Isso porque essas revistas são escritas numa língua diferente da língua operária. São escritas em "economês", "sociologuês", "politiquês" ou "psicologuês". De qualquer jeito, são escritas numa língua quase ininteligível para o operário que a duras penas conseguiu terminar seis ou sete anos de escola. Também é difícil para aqueles mais novos que conseguiram tirar o diploma do 1º grau e de lá saíram tendo aprendido apenas a soletrar.

O mesmo problema, ou pior, acontece com os jornais tipicamente de esquerda. A língua aqui é outra, mais complicada ainda. É uma belíssima vitamina colorida batida no liquidificador. São palavras e idéias escritas em "sociologuês", "sindicalês", "economês", "politiquês", "juridiquês" e "intelectualês". Tudo isso recheado de citações e exemplos dos clássicos socialistas e comparações forçadas da história das revoluções mundiais. O resultado é o "esquerdês". Língua bem colorida, mas a anos-luz de distância do cinzento "operariês". Aquele que a classe operária usa no seu dia-a-dia.

A distância entre a linguagem do operário e a dos editoriais de quase todos os jornais de ampla circulação é enorme. A realidade é simples. O operário fala sua língua: o "operariês". O "operariês" é uma língua à parte, tanto quanto o "sociologuês" ou o "psicologuês". A maioria dos boletins sindicais e muitos jornaizinhos não são escritos na linguagem que o operário conhece. Podem ser bonitos, corretos gramaticalmente, de excelente conteúdo. Mas são escritos em uma língua "estrangeira".

Em 1983, dando uma entrevista sobre o jornal *Luta Sindical,* um membro da equipe declarava:

"Escrever palavras como 'processo', 'referência', 'instância', 'conciliação', 'específica', 'celeuma', 'tática', 'estratégia', 'auto-organização', 'reforma', 'processo histórico' é um crime. É a mesma coisa que escrever numa linguagem de outro mundo ou na língua dos índios timbiras. É só ter um mínimo de vivência, no dia-a-dia da fábrica, para ver qual é o sentido dessas palavras. 'Processo', nos jornais sindicais, muitas vezes é associado a outras palavras mágicas como 'processo eleitoral', 'processo de luta', 'processo de auto-organização'. Na língua operária, no 'operariês', nada mais significa que processo na Justiça, no juiz, no Fórum. Processo, para o operário, é processo: aquilo que se faz na Justiça. É lá que se 'abre processo' contra o patrão.

E a lindíssima palavra 'instância'? A única 'instância' que consta no vocabulário do operário é a 'estância' mineral de Águas de Lindóia, ou de Caxambu. Lá onde ele sonhou ir por dois dias quando se casou.

A famosa palavra 'reforma' o que vem a significar no vocabulário 'operariês'? Nada mais do que reforma de um barraco, de uma casa. E as palavras tabus, tipo 'auto-organização', 'celeuma', 'conciliação', e mil outras? Essas não existem no vocabulário operário".

A conclusão geral, ao correr os olhos em muitos jornais operários, é trágica. A maioria dos jornaizinhos sindicais usa uma linguagem incompreensível para aqueles que deveriam ser atingidos.

Iniciação ao "operariês"

Qual o estilo de um jornal operário? Deve ser austero, ágil, leve, sério, pesado, alegre? Qual o jeitão?

Achamos que não adianta ficar inventando moda. Um jornal operário não é um jornal para a exposição das últimas novidades artísticas. Um jornal operário precisa ser claro e direto. Títulos claros, curtos e incisivos. Que digam, logo de cara, o fato que aconteceu. Quem fez o quê. Numa construção simples, sem rodeios. Aliás, esse é o estilo de todos os jornais do Brasil hoje. Títulos que evidenciem uma novidade. Títulos que usem a forma mais direta: sujeito, verbo, complemento. Um jornal que destaque o que se quer destacar. Mas sobretudo um jornal que fale a língua do "país" onde vai ser vendido. A língua do mundo das fábricas: o "operariês".

Vejamos o que um membro da equipe do citado jornal declarou em 1983:

> "Sobre o estilo, é pegar o Gil Gomes, escutar o Gil Gomes de manhã. Ele é um repórter de crimes, assassinatos, do mundo cão que está aí em São Paulo, mas é um campeão de audiência, e tem uma maneira de falar extremamente simples que o povo escuta, essa é a questão.
>
> É um estilo de frase com quatro, cinco, seis palavras. Escreve duas, três, quatro vezes a mesma idéia, a mesma frase, o mesmo conceito com pequeníssimas variações. Esse é que é o estilo do operário.
>
> Quer dizer, está se criando um estilo, um conceito para a imprensa, que acho que representa um acúmulo. O 'sindicalês', por exemplo, é uma gíria falada por quem vai às assembléias, quem participa. Ora, quem vai às assembléias? Em São Paulo, entre os metalúrgicos, por exemplo, não vai 1% da categoria.

Então não adianta falar 'sindicalês' e ser compreendido por l% da categoria. Nós temos de falar uma gíria falada pelo menos por 50% da categoria. Nós chamamos esta língua de 'operariês'. Quando um companheiro vem falar em *celeuma* em nosso meio se dá risada. O que é, uma ave, um jacaré, o que é? Quando, no último jornal, eu escrevi *engodo*, o pessoal que estava datilografando logo falou: "Vamos traduzir o engodo'".

O jornalista e o "operariês"

Uma das principais dificuldades dos jornais operários é exatamente a linguagem. O jornalista que coordena um departamento de imprensa operária, ao redigir um artigo para trabalhadores de fábrica, encontra dificuldades enormes. Na faculdade onde ele estudou não lhe disseram nada sobre esse mundo. Ele foi preparado para ser um bom jornalista, um bom redator. Ele está preparado. É rápido, eficiente e profundo. Não lhe falta nada. Aliás, ele até já trabalhou na página sindical de tal jornalzão de São Paulo e na editoria de economia de outro jornalzão do Rio.

O problema todo está no fato de que ele agora tem de fazer um "jornalzinho". Poucas páginas e com um monte de exigências diferentes dos outros jornais.

O jornalista tem sua formação acadêmica voltada para fazer um jornal comum. Agora ele se vê obrigado a fazer um jornalismo "não comum", especializadíssimo. Esse tipo de jornalismo operário tem uma série de exigências para as quais ele não foi alertado.

Ao analisar um fato econômico, ele usará as categorias econômicas e sociológicas que conhece.

Todos os colegas dele fazem assim, falam assim entre eles, pensam desse jeito.

Mas agora ele está num mundo que pensa com outros conceitos. Usa outras imagens e até uma outra língua: o "operariês".

O tempo todo ele, como jornalista, viveu com políticos, sociólogos, cientistas, artistas, psicólogos, advogados, etc. Com todos esses podia falar o português. Às vezes o assunto ficava mais para sociologia do que para artes, mas a dificuldade era logo contornada.

Agora a coisa mudou totalmente. Nada mais de frases enfeitadas. Nada mais de palavras complicadas. A exigência agora é de concretude, simplicidade e objetividade.

A classe com a qual ele convive nada tem a ver com aqueles para os quais agora tem de escrever.

Os gostos são diferentes em tudo. O que é considerado artístico para uns provavelmente será visto como babaquice pela outra classe. Para uns o máximo é Roberto Carlos. Para outros é Toquinho, Beto Guedes ou Marisa Monte.

Para o nosso jornalista formado na PUC, nada mais boçal do que uma romaria a Aparecida do Norte. No entanto, muitos dos que deverão ler seu jornal operário já foram lá mais de uma vez.

Não vamos continuar a lista dos contrastes. O importante é ter bem clara a contradição permanente entre a vida e a formação escolar desse jornalista e os destinatários desses jornais.

Para encerrar estas observações seguem abaixo duas séries de palavras e expressões achadas de "difícil compreensão" ou "complicadas" por um grupo de militantes sindicais metalúrgicos de São Paulo em 1984.

Entre as palavras observamos muitos termos abstratos. Outros aparentemente são simples, mas na realidade não são do dia-a-dia da língua operária. É o caso de verbos como "sugar", "dinamizar". Isoladamente seu conteúdo é aprendido pelo leitor operário. Quando ele é mergulhado no conjunto de uma frase, a coisa muda de figura. A dificuldade de compreensão aumenta.

Analisemos as palavras consideradas de difícil compreensão: camarilha, exausta, conciliação, sugar, infiltrações, autônomo, omitida, fusão, destituir, adequado, anseios, consenso, omissões, referendar, dinamizar, manipulação, organismo, instituição, burocracia, vanguarda, orquestrado.

Muitas dessas palavras são típicas do linguajar da esquerda, como "camarilha", "conciliação", "vanguarda". Para o jornalista que escreve num jornal operário, isso é feijão-com-arroz. Normalmente esse tipo de jornalista tem uma militância de esquerda e está iniciado na linguagem cifrada das esquerdas. Só que o mesmo não acontece com a classe operária. Daí, "camarilha", "conciliação" e "vanguarda" continuarão a não significar absolutamente nada para um trabalhador, seja um soldador da Elevadores Villares, da Philco Rádio e Televisão ou da Mercedes-Benz.

A lista das expressões que o mesmo grupo acha difíceis é igualmente esclarecedora da necessidade de TRADUZIR PARA O "OPERARIÊS" tudo o que for destinado a operários.

Vejamos as que foram julgadas expressões complicadas: se impor frente; bancarem de líderes; fortaleza do peleguismo; à revelia; racionalizando; há 26 anos; trégua e paz social; fajutando líderes; condições de lobo; mulher é o negro do mundo; luta concreta; ocuparem o papel de destaque; colaboração de classes, organismos vivos da classe, conciliação de classes; participação da base.

Essas duas relações não pretendem ser absolutas, e nada mais são do que um pequeníssimo exemplo. Basta pegar os jornais sindicais para encontrar centenas de palavras e expressões totalmente estranhas à língua dos destinatários. Esses são só alguns exemplos. Há mil outros. Tomemos a expressão "luta concreta". O que é uma "luta concreta"? E o que é, então, uma "luta não concreta"?

Há uma objeção, típica do meio jornalístico sindical, que reage a essa insistência sobre a especificidade da língua do operário. Essa objeção acha essa preocupação excessiva. Chega a tachá-la de neurose. Afirma que o jornal operário não pode ficar "ao nível do leitor". Tem de educar. Ficar analisando como o operário fala é "rebaixar sua proposta política", é "nivelar por baixo". Nessa linha de pensamento o jornal "tem" de fazer avançar a classe operária, e não ficar ao seu nível.

Esse raciocínio se baseia numa única palavra: TEM. Esse é o nó da questão: o jornal operário TEM de fazer avançar a classe. Como se dizendo isso se resolvessem todos os problemas. Isso em política se chama voluntarismo; ou seja, pretender mudar a realidade por decreto, por um ato de vontade. Em vez de analisar as coisas concretas, como elas são, e a partir daí tentar transformá-las, pretende-se passar por cima da realidade dos fatos, porque ela é muito cinzenta. E cor bonita é o vermelho, não o cinza! Como a realidade, apesar dos fervorosos desejos, continua cinza, sobram duas atitudes. As duas extremamente freqüentes entre os mestres da classe operária. A primeira é refugiar-se no mundo da ilusão. Recusar-se a ver o que está acontecendo em volta de si e continuar a construir lindíssimos castelos no ar. A segunda atitude é sentir-se ofendido porque a classe operária não entendeu tais idéias. Daí se passa a xingar os trabalhadores de atrasados, conservadores de direita, porque são incapazes de assimilar as luminosas explicações dos seus mestres.

Que o jornal tem função também educativa é evidente. Mas isso não nos autoriza a escrevê-lo em outra língua que não a dos destinatários. Ele precisa falar a língua local, autóctone, e nessa língua "transmitir os conhecimentos".

E mais. Por que uma linguagem diferente do dialeto-padrão, o português das elites, seria uma linguagem inferior?

Para Maria Otília Bocchini, estudiosa da legibilidade do texto por pessoas com pouca prática em leitura, "as camadas populares conhecem e falam uma variedade lingüística do português que apresenta variações regionais e não conta com expressão escrita. Isso as obriga a ter disponíveis para leitura apenas textos redigidos na variedade das camadas dominantes, o português culto, ou norma padrão do português, que tem forma escrita e é o mesmo em toda a extensão do país".

A classe trabalhadora usa, no seu dia-a-dia, uma linguagem completamente diferente da linguagem escrita em jornais, revistas e nos livros didáticos. E sofre porque não consegue entender as coisas que lê. Assim se passa com um trabalhador com poucos anos de estudo. Assim se passa com o filho desse trabalhador, quando se depara com livros escolares escritos em linguagem que ele não conhece. A linguagem é apenas mais uma entre tantas outras formas de exclusão de toda uma camada da sociedade.

A professora Magda Soares, autora do livro *Linguagem e Escola*, é claríssima em sua avaliação sobre o domínio de uma linguagem sobre a outra: "É conseqüência do domínio da classe dominante sobre a classe trabalhadora, em todos os aspectos". Foi assim, por exemplo, que se deu a afirmação da língua portuguesa no Brasil. As outras variedades lingüísticas usadas na época foram quase automaticamente reduzidas a dialetos.

Maria Otília complementa: "Tudo se passa como se a variedade popular, o dialeto não padrão, fosse uma criação posterior e inferior ao dialeto-padrão, como se fosse uma espécie de parte (apenas falada, e mal falada) desse dialeto de prestígio, uma espécie para ser usada apenas nos locais de trabalho dos mais pobres, em seu cotidiano doméstico, e não na nobreza do mundo público e dos documentos impressos".

O redator de um jornal operário não pode, sob pena de não ser compreendido, desconhecer a linguagem de seu público. Menosprezar a riqueza dessa variação lingüística e impor a um grupo códigos que não são seus é perder a oportunidade de se comunicar e "fazer avançar a classe". É correr o risco de não atingir o maior desafio de um redator: ser lido.

Em um jornal operário precisa ser constante a busca por técnicas de redação que levem a uma linguagem que, ao informar, agrade e seduza. A busca por critérios metodológicos aplicáveis aos jornais como forma de chamar a atenção desse público, sem o uso de apelações, como crime, realidade violenta, sentimentalismo, nacionalismo.

A comunicação sindical, por definição, não se esgota na informação. Ela quer levar para a ação. Mas como levar para a ação sem estabelecer o diálogo com o público que se quer atingir, no caso a base da categoria? Como assegurar o contato entre a direção e a base sindical falando linguagens diferentes?

O jornal sindical tem por vocação falar para milhares. Não são poucas as vezes em que a tiragem chega à casa dos milhões. Por essa razão, não pode usar uma linguagem compreensível apenas por um grupo.

Fazer uma comunicação que desperte o interesse de um público tão grande e variado é um grande desafio para os redatores de um jornal sindical. Para Maria Otília, "quem escreve para leitores pouco proficientes deve oferecer um texto que dê prazer de ser lido, que seduza o leitor, que não o desanime de aventurar-se pela leitura. O precioso prêmio do redator de um jornal que escreve para leitores de camadas populares não se restringe ao prazer de ter seu texto lido até o fim. Mas está, sobretudo, em ter a certeza de estar respeitando o direito do leitor de ler qualquer assunto compatível com a sua inteligência e sua cultura".

O *Manual de Estilo Editora Abril*, de 1990, assim resume esta idéia:

> "É claro que escrever com todas essas preocupações dá mais trabalho. O prêmio, contudo, é tentador: um texto que será lido do começo ao fim".

Aprendendo a língua operária

Por língua operária ou "operariês" entendemos o conjunto de palavras, frases, imagens e estilo apropriados à comunicação operária. Ou seja, as palavras, o dicionário, o repertório. Mas não só. Além disso, há a construção da frase. Mesmo palavras que façam parte do vocabulário do leitor operário podem tornar-se incompreensíveis. Depende da construção da frase. E mais diretamente do tamanho da frase. Do número de palavras da frase. Eis os dois pés da linguagem operária.

O "operariês", como tudo na vida, se aprende.

Há coisas que são automáticas e só falta treinar para realizá-las cada vez com maior perfeição. Há outras que não são tão diretas e exigem um esforço deliberado para aprendê-las. O "operariês" é isso. As duas coisas ao mesmo tempo. É fácil e natural para um operário. É árduo e depende de um esforço voluntário para quem não é da terra onde se fala esse idioma.

Antes de começar a estudar essa língua, há uma condição sem a qual não adianta tentar aprendê-la, pois o esforço será em vão. A condição prévia é esta: estar convencido de que o "operariês" é um idioma à parte. Quem não o fala, por situação social, precisa estudá-lo, aprendê-lo, se quiser comunicar-se com quem só fala essa língua. Língua que, já vimos, é mais do que um simples idioma. É um estilo de vida, um modo de vida, uma expressão cultural.

Aqueles que redigem para um jornal operário, seja o jornalista responsável, o dirigente sindical ou o colaborador, necessitam primeiro ouvir e entender essa língua. E depois começar a escrever palavras e frases no novo idioma. Tão bom e rico quanto outro qualquer.

Essa tarefa não é facilmente realizável por um único jornalista. É necessário ter uma equipe com vários trabalhadores voltados para isso. A garantia de um contato constante com os destinatários do nosso jornal é fundamental. É o meio para revisar constantemente a seriedade no estudo desse novo horizonte.

A LINGUAGEM OPERÁRIA

Devido a toda sua existência, desde a situação de classe até sua profissão, o operário tem uma forma peculiar de se comunicar. Sua linguagem é curta e concreta.

O operário, vimos, vive no mundo do concreto, do palpável, da produção rápida e exata. Nas suas operações produtivas ele não pode se dar ao luxo de ter dúvidas. As que tem deve resolvê-las rapidamente. Também na vida cotidiana o operário é levado a ter um jeito simples de resolver suas dúvidas.

Essa sua relação com as coisas que tem de construir acaba tendo reflexos sobre sua forma de encarar as "coisas da vida". Além dos condicionamentos originados de sua situação social, o operário carrega características típicas de sua profissão. A dúvida se compra ou não o livro para o filho ou até uma grave dúvida existencial exigem dele decisões rápidas. Se ele se separar da mulher, não tem como pagar mais um aluguel. Então não se separa, e acabou. Há pouco espaço para discussões e dúvidas psicológicas. O que ele vai fazer sábado à noite? Com quem ele vai sair? A maioria das vezes a resposta será bem simples: com ninguém, pois não há dinheiro para sair, e ponto final. E se há dinheiro não há ambiente para ele. Ele é de outra classe. O que é pior do que ser negro num regime do tipo do velho apartheid na África do Sul. A essa psicologia simples, direta e concreta corresponde uma linguagem com as mesmas características.

Tentando esquematizar as características da linguagem operária, podemos agrupás-la assim: a linguagem operária é curta, direta e concreta. É assim que o operário fala e é assim que falam com ele. Curta, direta e concreta deverá ser, então, a linguagem de um jornal operário, de um jornal sindical.

Vamos olhar mais de perto essas características do "operariês".

O "operariês" exige frases curtas

Por que operário fala frases curtas?

A vida do operário é povoada de frases muito curtas, algo assim como uma ordem. Aliás, operário vive recebendo ordens. O patrão dele é um general, com poderes absolutos sobre os subordinados. Quando ele tem algo a falar não precisa explicar nada: é só dar a ordem seca, e acabou.

Hoje, as novas formas de gerenciamento tentam dar uma ilusão diferente. Tentam mostrar ao operário que ele é parceiro. Que ele é sócio da "nossa" empresa. Até acionista ele virou! Por isso, o importante é cuidar da Qualidade Total. "Nossa empresa precisa competir... senão os Tigres Asiáticos acabam com a gente. E aí todos nós vamos para o beleléu. É preciso entender que o Custo Brasil está onerando demais nossa empresa. Por isso, é preciso flexibilizar um pouco o horário e até nossos salários, evidentemente." E assim por diante. Essa é a conversa mole que o operário escuta nas fábricas hoje. Mas essa nova forma de dominação ideológica, que está por trás da idéia de gestão participativa, não consegue esconder o principal. O operário tem de produzir! Tem de obedecer à lógica da Qualidade Total. E quem determina essa lógica não é ele. Em síntese, vai continuar a receber ordens, mesmo se, hoje, com alguns sorrisos para adoçar a pílula.

Em todas as situações o operário é tratado com frases telegráficas, tipo ordens no Exército. A cada momento da sua vida se repete o mesmo estilo de linguagem. Vamos analisar algumas situações típicas. Primeiro o operário na fábrica. Depois na rua, na venda, numa repartição pública e numa porta de fábrica procurando serviço.

O operário na fábrica

Já dissemos que o patrão é o general e o operário o soldado raso. O eterno recruta. Abaixo do general, um mundo de diretores, gerentes, supervisores, chefes, encarregados e líderes. Todos prontos para dar ordens. E como é que eles falam com o operário?

- Faz essa peça para mim.
- Leve essa caixa ao almoxarifado, por favor.
- Pega o alicate na mesa.
- É preciso vestir a camisa da empresa.
- Vê se você colabora com a gente.
- Ou você é da nossa família ou é do sindicato.

Quando o operário fala com o colega de serviço o papo também é rápido:

- Puxa a chapa devagar.
- Agora aperta o parafuso.
- Pisa no pedal.

Ao falar sobre qualquer assunto, a conversa também não é esticada:

- Minha mulher está doente, vou ao médico com ela.
- Vamos ao sindicato hoje? Ah, você é um palhaço!

Essa é a conversa na fábrica. Na hora de serviço não dá para papear. Na hora do almoço é aquela correria! Na mesa não se fala muito. Depois do almoço, quatro palavras sobre o futebol. Um comentário sobre o *Fantástico* da véspera ou a boazuda que passa na rua.

Na hora do café, duas palavras sobre a peça que está quase pronta na máquina.

E vamos lá. Vestir a camisa. Competir com Taiwan. Aliás... que tal flexibilizar o horário? Que tal diminuir a jornada e rebaixar o salário também? Vamos trabalhar! Colaborar!

O operário na rua

Vamos tomar o caso-limite da polícia falando com um "doutor", seja ele sociólogo, psicólogo ou tecnólogo. Na outra rua, cinco minutos depois, a mesma polícia vai falar com um zé-ninguém. Evidentemente, para os "ólogos" a polícia vai explicar por que vai pedir documentos. Serão tratados quase como cidadãos.

Para o nosso zé-ninguém, são frases secas. Curtas. Curtíssimas:

— Vai entrando — e o resto da frase continua com o cassetete levantado sobre sua cabeça. — Vai circulando, vai!

— Encosta na parede, seu porra!

— Documento, seu filho da puta!

O operário na venda

A fala de uma freqüentadora de butiques é facilmente imaginável. Pergunta, testa, quer ver mil coisas. Quem atende mostra-se o mais atencioso possível, explica, reexplica e explica mais uma vez.

Enquanto isso, uma operária que trabalha na Tapetes Tabacow chega à venda do 'seu' Salim.

> – Me dá seis pãezinhos, por favor?
> – Tua conta está estourada. Não dá mais.
> – Ou você paga ou ponho no pau.

O operário procurando serviço

Nada de *curriculum vitae,* nada de longas entrevistas com gerente ou coisa parecida. O papo novamente é direto e rasteiro.

> – Cadê tua carteira? — pergunta um guarda raivoso e todo-poderoso.
> – A vaga foi cancelada.
> E a primeira e, às vezes, última pergunta do selecionador:
> – Quanto você quer ganhar?... Isso não dá.
> – Quem for prensista fica, os outros não.

Há ainda casos nos quais nem uma palavra é dirigida ao candidato a uma vaga. É assim na refinaria de petróleo Reduc, em Duque de Caxias, no Rio de Janeiro. Lá, aqueles que procuram emprego simplesmente jogam a carteira pela cerca para ser recolhida depois pelos recrutadores. Essas várias situações, esquematizadas ao extremo, não foram apresentadas para suscitar risadas. Não são frases tipo aquelas de Jair Rodrigues cantando "a mulher de branco é esposa; a esposa de preto é mulher"... O objetivo desses quadros é mostrar que toda a experiência de vida operária é feita de uma linguagem rasteira, curta, curtíssima. Língua que nada tem a ver com construções poéticas nem com lindas descrições românticas.

Agora chegou a hora de tirar conclusões. Não interessa contemplar o linguajar operário. É necessário estudá-lo, aprendê-lo e praticá-lo.

Aprendendo a escrever frases curtas

Os editoriais dos jornais de circulação nacional primavam por fazer longos períodos e longuíssimas frases. Parecia que o peso do artigo seria tanto maior quanto mais empolada fosse a construção da frase. Quem fosse ler o tal editorial gostava assim. Sempre o editorial que ele leu foi assim.

Hoje, esse estilo está se tornando arcaico. Já há jornais, como a *Folha de S.Paulo*, que estão apostando em uma linguagem direta. Feita de frases curtas, claras. Basta olhar para os editoriais escritos por um dos membros do seu conselho editorial, Josias de Sousa. É o porta-estandarte dessa tendência.

Vejamos um artigo que escreveu em 1996 sobre a campanha de Erundina para a prefeitura de São Paulo. A disputa era com Paulo Maluf. Não vem ao caso, aqui, analisar o conteúdo do artigo. Nossa preocupação é outra. É impressionante o tamanho das frases. Contando as palavras de cada frase, vê-se que há duas frases de uma única palavra. Uma palavra e ponto. Há seis frases de duas palavras. Há sete de três. E assim vai: cinco de quatro palavras, quatro de cinco, duas de seis e uma de sete. Nenhuma frase tem mais de 20 palavras: Vejamos.

"Erundina é Maluf, e vice-versa"
Josias de Souza

"São Paulo — A eleição para prefeito da capital paulista é de virar a cabeça. Como se sabe, não há época mais propícia à confusão do que a fase de campanha eleitoral. Mas em São Paulo partiu-se para o exagero.

O tumulto materializou-se na propaganda de televisão. Maluf não é mais Maluf. Erundina não é mais Erundina. Maluf agora é Erundina. E Erundina virou Maluf.

Bons tempos aqueles em que tudo o que tínhamos a fazer era optar entre o candidato progressista e o reacionário. Votar era fácil como dobrar a esquina. Tomava-se a esquerda ou a direita. Simples. Cômodo.

Pois a TV resumiu a eleição em São Paulo a um jogo de falso e verdadeiro. Joga-se o futuro da administração do terceiro orçamento do país na arena da publicidade. Olhe para mim. Sou a Erundina.

Não tenho bandeiras vermelhas à minha volta. Já não defendo a luta armada. Não, não. Mudei, amadureci. Quero ser parceira do empresariado. *Eu* era vinho. Virei água. Acredite, acredite.

Agora olhe para mim. Sou o Maluf, já não penso apenas em erigir túneis, em rasgar avenidas. Também mudei. Meu nome agora é social. Ergui trocentos cingapuras. Levei saúde aos pobres. Escolhi um candidato negro. Eu era assim. Fiquei *assado*. Confie, pode confiar.

A campanha paulista passa por um processo de 'coisificação'.

Ao eleitor não interessa mais saber se fulano é de esquerda ou beltrano de direita. O que se deseja é conhecer as coisas que já realizou ou pode realizar.

O Muro de Berlim foi vendido aos turistas, em pedacinhos, no histórico ano de 1989. Mas só agora o conflito Leste-Oeste parece chegar ao fim na Paulicéia. A guerra ideológica, que se imaginava eterna, desaparece como que por encanto. Mais um pouco e não se conseguirá distinguir *PPB* de *PT*."

(*Folha de São Paulo*, 8/8/1996)

Existem jornalistas, ou dirigentes sindicais, que ainda pensam estar na redação de um jornalzão do século passado. Aquele que não se reciclou. Que não passou por uma total reformulação gráfica e editorial.

Na imprensa sindical existem jornalistas que ligam a caneta ou o computador... e dá-lhe palavras e mais palavras, frases e mais frases. Assim sai o tal editorial do nosso jornal sindical. Bonitão, gorducho, só falta o charuto na boca. Taí o editorial, pomposo e inútil, pois não vai servir para absolutamente nada. Nada a não ser aumentar os arquivos de alguns centros de documentação e dos sempre presentes SNI, Dops e PF.

A conclusão é que para um jornal sindical, quanto mais curtas são as frases, melhor é.

Uma frase ideal, para um jornal operário, tem três ou quatro palavras. Sim, algo desta forma:

"Vamos fazer greve".
"Queremos nossos direitos."

Evidentemente, nem toda frase pode ter só três ou quatro palavras. Mas daí a escrever frases de 50, 80 ou 100 palavras, de um fôlego só, corre muito chão.

Analisando o estilo de fala do operário, percebe-se que as frases mais comuns são de cinco ou seis palavras. Muito dificilmente uma frase, na boca de um trabalhador fabril de São Paulo, passa das dez palavras. Observe-se que palavra para nós, nesse caso, é tudo: nomes, artigos, preposições, conjunções... tudo.

O que o operário não faz, nas suas locuções, é rodear o assunto, dar voltas e contravoltas.

Há jornaizinhos sindicais que parecem feitos para disputar um troféu na Academia Brasileira de Letras. Estão cheios de frases lindas e incompreensíveis.

O estilo de vida próprio do operário, sua experiência profissional, seu nível de escolaridade não toleram grandes vôos literários.

Há evidências simples que quase poderíamos definir como normas do jornalismo operário.

Operário não une duas ou três frases usando expressões do tipo "levando-se em conta", "considerando", "tendo presente que". Conseqüentemente, esse tipo de construção de frase não pode ser utilizado ao se escrever um jornal para operários. É comum, em qualquer texto escrito, usar duas frases ligadas entre si.

Vejamos um exemplo simples:

"Essa greve, levando-se em conta todas as contradições que impediram sua preparação, não poderá ser vitoriosa".

Esse período pode ser dividido, bem mais proveitosamente, em dois. Assim:

"Essa greve não pode ser vitoriosa. Isso por causa de todas as condições que impediram sua preparação".

A frase, dessa forma, é bem mais compreensível.

Além desse, há outro empecilho grave à compreensão do texto de um jornal sindical. É a construção de duas frases que se entrelaçam através de *parênteses ou incisos.* Tomemos um pequeno exemplo:

"Esses planos econômicos do governo vêm (como sempre costuma acontecer) beneficiar os patrões em detrimento dos interesses da classe trabalhadora, como já denunciamos várias vezes em boletins, jornais e cartilhas".

É uma frase típica, que pode ser encontrada quase religiosamente em todos os jornais sindicais. É uma bela frase, embolada nas suas palavras. Com um mínimo de esforço, essas palavras podem ser divididas em três frases. Vejamos:

"Esses planos econômicos do governo só beneficiam os patrões. Eles só prejudicam a classe trabalhadora. Isso, aliás, costuma acontecer faz tempo. Nós já denunciamos várias vezes nos boletins, jornais e carros de som".

Além de parênteses e incisos, o que atrapalha a leitura operária são as aspas e os gerúndios. Pesquisas diretas feitas com inúmeros trabalhadores mostram que as aspas simplesmente não são vistas. Passam despercebidas a um leitor pouco adepto à leitura. A mania de querer fazer ironia, colocando duas simples aspinhas, não comove o leitor operário. Quem não tem hábito de leitura passará por elas sem piscar o olho. E a nossa linda frase de efeito?

"O governador, ao enviar a PM para cima dos servidores públicos, mostrou sua 'democracia', o seu verdadeiro lado."

A palavra democracia, assim, entre aspas, para quem escreveu significa o contrário da própria palavra. Só que quem escreveu — jornalista, dirigente ou colaborador — esqueceu de contar isso para uns 70%, no mínimo, da classe operária. Assim, o leitor sem prática de ler o jornal diário lerá positivamente que o governador, ao enviar a PM, foi democrático. A confusão estará instalada. Como democrático? Como pode mandar arrepiar os servidores e ser democrático? Pode, sim! Com cinco anos de escolaridade tudo pode!

É simples descomplicar. É só dizer: "O governador, ao enviar a PM para cima dos servidores, mostrou de que lado está. E esta para ele é a democracia". Dizer assim ou de qualquer outra forma, tipo: "O governador, ao enviar a PM para cima dos servidores, mostrou de que lado ele está. Mostrou que não respeita democracia nenhuma". Qualquer forma pode servir. Menos aquelas aspinhas, tão bonitinhas, mas inuteizinhas.

Outro desastre é encher uma frase de gerúndios. Nada contra estes coitados! Tudo contra quando entram em jornais e boletins sindicais só para encompridar a frase. O gerúndio, geralmente, deixa a frase mais longa. Às vezes, uma frase com aqueles "endo", é um desastre. Eis uma bela frase com suas 35, 50 ou 70 palavras. Absolutamente incompreensível. A norma é sempre a mesma: operário fala assim? Usa o tal gerúndio assim? Se a resposta é não, é simples. Não use, e pronto. Se é sim, use.

Caio Prado receitava aos autores da *Coleção Primeiros Passos*, desta editora, a seguinte regra básica:

- A cada dez linhas, um parágrafo.
- Conceitos no início, explicação e exemplos depois.
- Supor ignorância, explicar na própria linha qualquer palavra da qual, a seu ver, algum leitor eventualmente não conheça o significado.

Evidentemente, se procurarmos definir qual o estilo desse tipo de redação, não encontraremos definições. São frases diretas, curtas, quase soltas. Só que elas são compreensíveis, ou seja, servem para o primeiro objetivo para o qual foram escritas: ser lidas.

Em conclusão, podemos afirmar que antes de editar um jornal sindical é necessário conferir se ele foi devidamente traduzido para o "operariês". E uma das regras básicas dessa língua é o reduzidíssimo tamanho de suas frases.

É evidente que nesse esforço de simplificação há o perigo constante de cair no simplismo. Acabaríamos por empobrecer o texto. Afinal, existem determinados conceitos complexos e quase intraduzíveis. Existe o perigo real de empobrecer tanto o conceito a ponto de ele se tornar ininteligível. Essa fronteira entre o simples e o simplista não é prefixada. Não há normas que delimitem a passagem de um lado para o outro. Só uma grande sensibilidade por parte de quem escreve e a verificação permanente dos resultados, com leitores, garantem o equilíbrio.

Não dá para cair em nenhuma dessas duas possibilidades. Os dois casos possíveis. Nem um texto complicado e ininteligível, nem um texto superinteligível, porém desvirtuado. O desafio que fica é encontrar o equilíbrio entre esse recife de um lado e um atoleiro do outro.

O "operariês" é uma língua concreta e direta

O que vimos até aqui deixa claro que o operário vive no mundo do concreto, do organizado, do predeterminado. A sociedade industrial deixa cada dia mais distante aquele mundo rural cheio de incertezas e fatores incontroláveis. Um dos produtos da civilização industrial é o operário fabril. O outro é o exército de colarinhos-brancos em todas as suas variantes, do escriturário ao tecnocrata. Para o operário, o mundo é o mundo do agora, do hoje, do concreto, do que se toca.

A concretude ao escrever para o operário obtém-se traduzindo palavras abstratas por outras concretas. Transformando uma única palavra em uma frase que explique o conceito que queremos enunciar.

De nada adianta continuar a escrever "vanguarda", "conciliação", "nível de mobilização", "inevitabilidade do confronto final" e outros quejandos.

"Conciliação de classes" pode ser traduzido, dependendo do contexto, por "pacto patrão-operário". Ou "plano de convivência da classe operária com a classe patronal", "interesses comuns de patrões e operários". Ou dez alternativas sugeridas pelo conjunto do artigo.

"Nível de mobilização" pode ser traduzido, dependendo do contexto e do momento histórico, por "ânimo da turma para a briga". Ou "disposição da nossa classe para lutar", "o quanto estamos preparados para essa luta". Ou vinte outras versões melhores que cada um tem de saber descobrir na linguagem operária. Descobrir e aplicar, evitando o recife da complicação e o atoleiro do simplismo.

Alertamos de novo sobre a objeção tradicional que é feita quando se fala sobre a linguagem operária. Invariavelmente, quem escreve jornais operário-sindicais corta o papo dizendo que tudo isso é muito bom, mas não passa de técnica. De nada vale ser mestre em técnicas se não houver uma política!

Essa observação é verdadeira tanto quanto inútil. Pior ainda, é uma fuga para escapar de um questionamento incômodo.

Que o principal de um jornal operário-sindical é o conteúdo, a política, a mensagem, é evidente. Se não houver conteúdo, no limite, não haverá nem estilo nem forma alguma.

O que afirmamos, reafirmamos e confirmamos é que é insuficiente um jornal operário-sindical ter o melhor conteúdo do mundo. Se não for entendido, não serve para nada. Absolutamente nada.

EXEMPLOS E ANTIEXEMPLOS DE JORNALISMO

Vamos analisar dois jornais típicos da comunicação sindical. Dois jornais antagônicos, que por anos a fio disputaram o mesmo público: os metalúrgicos de São Paulo. Um é o jornal da oposição, o *Luta Sindical. O* outro é o jornal do sindicato, *O Metalúrgico.*

Veremos alguns trechos de artigos desses dois jornais, aproximadamente da mesma época: 1983-1984. É preciso observar que os dois veículos apresentavam perspectivas e linhas de ação absolutamente opostas. Inimigos de morte. Mas a maneira de comunicar era muito parecida. A construção das frases, com todos os elementos que analisamos, era a mesma.

Ao mostrar esses exemplos não pretendemos nada mais do que discutir a forma adequada para dar uma notícia ou convencer com uma idéia. Outra coisa seria discutir qual é o conteúdo que deve ter um jornal operário-sindical. Nossa análise parte de determinadas premissas. Sendo que se quer transmitir tal proposta para atingir tal objetivo, qual a melhor forma? Também pressupomos que o meio usado seja o jornal. Não vamos falar dos outros instrumentos de comunicação, como rádio, carro de som e o própria atividade militante. Como transmitir informações, idéias da forma adequada para estimular atitudes?

Nos capítulos anteriores definimos que um jornal operário-sindical deve ser CURTO, DIRETO e CONCRETO. E isso se aplica aos artigos em si, aos títulos e ao jeitão do jornal. Vamos agora analisar esses dois jornais. Vamos mostrar exemplos de um jornalismo agradável e fácil de compreender. Também vamos falar de um jornalismo dificilmente compreensível e assimilável por seus destinatários.

Antiexemplos de comunicação operária

Primeiro vamos analisar quatro números mimeografados do jornalzinho *Luta Sindical*. São da época da ditadura militar, instaurada em 1964. Feitos correndo, passados de mão em mão por baixo do pano. Nessa fase do jornal não havia grandes preocupações, a não ser com seu conteúdo e a segurança da empreitada.

Vejamos alguns exemplos dos editoriais dessa época:

"Para tal podemos nos organizar nas fábricas formando as comissões de salário (grupos de operários por seções, setores, etc.) cuja função é debater e estabelecer o índice de reajuste e outras reclamações consideradas importantes, buscando ainda, junto aos companheiros, esclarecer, unir e organizar-se para a luta.

A Oposição Sindical, empenhada em mais esta luta, conclama todos os companheiros a se unir e organizar através das comissões de salário, participando ativamente da campanha salarial nas empresas, nas assembléias do sindicato, etc. para alcançarmos a vitória, sendo também mais um passo no rompimento do 'arrocho salarial' e o 'atrelamento sindical'".

(LS, setembro/1976)

"Isto é conquista dos trabalhadores, entretanto, os sindicatos se apressaram e criaram as 'campanhas de antecipação', isto é, adiantamento da parcela do reajuste anual, solicitando às empresas que concedam a antecipação, esperando a benevolência dos patrões."

(LS, maio/1976)

A dificuldade de construção dessas frases, após o que foi dito até aqui, salta aos olhos. São frases muito longas, cheias daqueles mecanismos que dificultam sua compreensão para um leitor operário. São parênteses, incisos, vírgulas e gerúndios. Dificilmente o leitor operário que não tenha feito o 2º grau poderá entender com facilidade esses editoriais. Claro, se o leitor se dispuser a ler e reler o texto, duas ou três vezes, irá entender. Mas será que vai fazer isso?

Um outro exemplo de leitura difícil para operários vamos tirar do *LS* de fevereiro de 1978. São umas 70 palavras enfileiradas sem sequer um ponto para dar fôlego ao leitor:

> "Companheiros, esta eleição deve ser a continuidade de uma luta que sustentamos há bastante tempo, pois ela não está separada das campanhas salariais em que levantamos a necessidade de lutar contra a estrutura sindical, a luta pelo direito de greve, a luta pela livre negociação entre operário e patrão, pela liberdade de organização dentro das empresas, pelas férias pagas em dobro, pelo reconhecimento das comissões operárias, pela estabilidade do trabalhador".

> (*LS*, fevereiro/1978)

É uma típica frase da qual ninguém lembra de nada, após tê-la lido. Quando o leitor está lá pela trigésima palavra, sem nenhum ponto final, já esqueceu o que leu no começo. Continuar ou não lendo dá na mesma. Um leitor que não esteja acostumado a ler abandona o artigo. Por que, então, escrevê-lo? A maioria dos destinatários é igual. Todos sem hábito de ler jornais. Todos com o famoso mesmo nível escolar, como já vimos. Todos acostumados a falar do mesmo jeito: de forma "curta e grossa".

O que está por trás da atitude de quem escreve assim é a incompreensão da gravidade deste assunto. Um texto incompreensível, ininteligível, é inútil quando não é privilégio do jornalismo. Essa incompreensão atinge igualmente o dirigente sindical quando ele acaba escrevendo algum artigo.

Se não se trata de incompreensão, então é bem pior. É a crença, típica de pessoas mais politizadas, de que "tratar da questão politicamente" é suficiente. Um conteúdo político brilhante se faz compreender por seu valor intrínseco. Obviamente, essa visão mágica não resolve o problema do operário. Ele ainda não entendeu o tal artigo iluminado, como pode então ser convencido do seu conteúdo?

Analisando um jornal do Sindicato dos Metalúrgicos de São Paulo de novembro de 1979 encontramos os mesmos problemas.

> "A luta dos metalúrgicos teve corno um dos principais objetivos o de não nos submetermos à nova lei de arrocho salarial, aprovada pelo Congresso Nacional no último dia 25 de outubro, apesar da forte pressão dos trabalhadores e das lideranças sindicais que foram a Brasília pressionar o governo."
>
> *(O Metalúrgico,* novembro/1979)

> "Por isso, os dirigentes sindicais elaboraram um substituto à nova lei, onde estavam previstas negociações

diretas, direito de greve, estabilidade para o delegado sindical, revogação de toda a legislação de arrocho salarial e extensão dos benefícios aos aposentados e funcionários públicos, que não estavam incluídos no projeto do governo."

(O Metalúrgico, novembro/1979)

Embora, como veremos logo mais, muitos passos tenham sido dados pelo jornalismo sindical, para melhorar sua inteligibilidade, ainda encontramos trechos extremamente longos e confusos.

Em agosto de 1987, *O Metalúrgico* continua com suas construções complexas de 60 ou 70 palavras:

"Mais de 5.000 metalúrgicos prestigiaram a solenidade (além de autoridades e representantes de sindicatos de todo o país), que se transformou numa posse de luta, com Luís Antônio de Medeiros reafirmando o compromisso da diretoria de luta pela conquista da recomposição salarial, do resíduo do gatilho, da inflação de junho, da garantia de emprego, 40 horas e de uma campanha salarial forte".

(O Metalúrgico, agosto/1987)

Esses exemplos de antilinguagem, de anticomunicação aparecem em quase todos os jornais sindicais. Pode-se dizer que ainda hoje, em 1998, a maioria dos jornais e boletins sindicais está cheia de frases longas. Frases incompreensíveis para a maioria dos seus leitores. Vejamos uma tabela que saiu no livro do qual já falamos. São alguns exemplos, entre os milhares que poderiam ser escolhidos.

Número de palavras, numa frase, em jornais sindicais

Jornal	Data	Número de palavras
Aeroviários / BH - (SP)	17/5/95	54
Aeroviários/SP	7/95	93
Chapa 1 - Aeroviários/RJ	6/95	52
Chapa 1 - Bebidas/SP	7/95	53
Fed. Est. Metal. - FEM-CUT/SP	5/95	104
Fed. Trab. Constr. Civil/Ba	11/94	52
Metalúrgicos ABC/SP	9/5/95	43
Petroleiros - SE	15/7/97	180
Sindiquímicos ABC/SP	8/5/95	53
Sindisaúde de Franca/SP	8/94	141
Sintrasef/RJ	4/94	49
SINTUF/RJ	3/96	98

Fonte: Comunicação Sindical: Falando para Milhões, *de Claudia Santiago e Vito Giannotti, 1997, editora Vozes.*

Exemplos de comunicação operária

Depois de tudo o que foi dito sobre a inteligibilidade de um jornal sindical operário, resta apresentar alguns exemplos positivos.

As edições do *Luta Sindical* após produzidas após o ano de 1980 são bons exemplos desse tipo de material. O jornal se desdobrou para elaborar títulos *à la Notícias Populares* e artigos acessíveis à grande maioria dos metalúrgicos de São Paulo.

Vejamos um pequeno artigo:

"Metalúrgicos de Santo André decidem: fim do Imposto Sindical.

Nós da Oposição Sindical sempre fomos contrários ao Imposto Sindical.

Por que isso? É por mania nossa de ser contra? Nada disso. Nós somos contra o Imposto Sindical porque o governo não tem que se meter na vida do sindicato. Quem inventou o Imposto Sindical foi Getúlio Vargas com uma lei de 1939. E por que ele fez isso? Ele disse que era para fortalecer os sindicatos. Não é verdade.

Sindicato é a união dos trabalhadores para lutar por seus direitos. O associado é quem deve pagar as despesas que o sindicato tiver. Ou seja, o sindicato deve viver da contribuição livre de quem quer participar nele".

Obviamente, percebe-se o esforço feito para usar frases curtas. Inteligíveis para qualquer leitor. Vejamos outro trecho do número de 8 de março, sobre a luta das mulheres:

"Mentira: Amélia era uma boba!

Mulher de verdade é aquela que luta por seus direitos. Essa história de Amélia na verdade só é boa para ser contada pelos boêmios. Essa tal mulher que

Amélia representa não passa de uma mulher escrava, sem vontade própria, sem iniciativa. Parece até que é bom à primeira vista. Mas na verdade as mulheres já se cansaram de ser Amélia".

(LS, março/1984)

O estilo típico da fase desse jornalzinho operário aparece aqui nítido: CURTO, DIRETO, CONCRETO. Às vezes simplista demais. Mas, em todo caso, bem inteligível. Vejamos este trecho sobre uma fala de Figueiredo, último presidente-general da época da ditadura:

"Todo dia os patrões e o governo falam da crise. O Figueiredo veio na televisão dizer que o mundo está na pior.

Essa crise de que eles falam nós operários sentimos na pele: para nós crise é desemprego; é rebaixamento de salários; é custo de vida altíssimo.

Vamos deixar bem claro. Essa crise é geral sim! É do capitalismo sim. Mas para nós, no Brasil, ela é terrível. Pois nós aqui não temos salário-desemprego, não temos estabilidade no emprego. E nossos salários são 5 ou 10 vezes menores que nos países industrializados".

(LS, março/1983)

O jornal do sindicato também aprimorou seu estilo. Evidentemente, a análise minuciosa do jornal rival lhe facilitou um esforço de imitação. O estilo de frases curtas, inteligíveis aparece nítido em vários artigos de *O Metalúrgico:*

> "Corta a verba da educação, estimulando o analfabetismo e forçando o filho do operário a trabalhar. Além disso, está desativando bruscamente a indústria automobilística e de eletrodomésticos. Isso tudo é desemprego e falência no setor metalúrgico, nas indústrias que trabalham com o metal que mais temos, que é o ferro.
>
> Não podemos aceitar a liquidação do setor metalúrgico. Não podemos parar o Brasil. É preciso resistir. Lutar para resistir. Juntar forças para resistir".
>
> *(O Metalúrgico,* setembro/1981)

Limitamo-nos a citar alguns exemplos desses dois jornais sindicais. É só pegar qualquer jornal e bater o olho para ver se sua linguagem se aproxima do operário ou fica a quilômetros de distância.

Notícias Populares: comunicação que comunica

Notícias Populares é um jornal paulista do grupo Folhas. O nome já define o público. Era, na década de 80, e continua sendo o jornal que entra nas fábricas de São Paulo. Entra naquela porcentagem mínima da qual já falamos. Mas são ele e seu rival, o

Diário Popular, que conseguem furar o bloqueio dos portões das fábricas. É um jornal sensacionalista, da chamada imprensa marrom, como existe no mundo inteiro. As observações feitas se referem aos anos de 1987 e 1988.

A característica principal dos artigos do *NP* é o tamanho reduzido. O jornal consegue dar uma notícia rápida, sem rodeios, sem comentários.

Na seção internacional do *NP,* em poucas palavras o leitor é mantido informado sobre Etiópia, Nicarágua, Iraque, Índia, Itália, e assim por diante. O leitor não vai ter um quadro completo em um dia só. Claramente, o *NP* pressupõe que o seu leitor seja atento e contínuo. A notícia muitas vezes é sem detalhe algum. Imagina-se que dali a alguns dias haverá novas informações sobre o mesmo assunto.

O fato é que consegue tornar-se inteligível e interessante. Muitos colegas de serviço, muitos conhecidos têm comentado os artigos internacionais do *NP.*

Vejamos um dos mais curtos, publicado na seção internacional em 8/8/1987:

"Fome volta a ameaçar população da Etiópia.

Nairóbi — A falta de chuvas no norte da Etiópia está ameaçando a população, que poderá voltar a passar mais fome ainda.

Segundo informou o Programa de Alimentação Mundial das Nações Unidas em Nairóbi, cerca de 3 milhões de pessoas necessitarão provavelmente de ajuda alimentícia em ambas as províncias para poder sobreviver".

Na mesma página, um artigo de uma lauda sobre a Nicarágua.

No dia 13/8/1987, a seção internacional traz uma série de notícias, todas curtíssimas. Vão do Peru ao Irã, do Haiti à Turquia, de Bangladesh à Alemanha.

A apresentação é simpática, leve e chamativa.

Examine a seção sindical. São notícias diretas sobre os vários fatos da vida sindical do dia anterior, relatados de maneira sucinta. Não estamos na frente do típico "operariês" do qual falamos nestas páginas. As frases, às vezes, são longas e emboladas Porém, no geral, a construção da frase é inteligível.

Mas onde o *NP* se especializou foi nos títulos. Vejamos.

Aprendendo a fazer títulos atrativos

Os títulos do *NP* são simpáticos. Eles entram em sintonia com o leitor. Usam palavras extremamente simples, da linguagem do dia-a-dia. Muitos deles são um festival de gíria. É o estilo do jornal.

A principal característica dos títulos do *NP* é chamar a atenção. Com isso, fazer com que o artigo abaixo seja lido.

A comunicação com os leitores é imediata. Atrai os leitores habituais que compram o jornal todo dia. Atrai os milhares de operários que toda manhã dão uma paradinha na banca de jornal para ler as manchetes. Em geral são títulos compridos, que já dão uma boa idéia do artigo.

Jornalismo Sindical

Vejamos uma série de títulos que apareceram no *NP* de 5/8/1987:

"Nível do trampo fica calmo mas o tutu cai";
"Olho vivo no aumento da mensalidade escolar";
"Governo dá um breque em fábrica de testes de Aids";
"Salário dos marajás dá trabalho na Assembléia";
"Avançou no preço do frango e entrou em cana";
"Governadores acordam e já pensam nos pepinos";
"Deputada pornô põe parlamento de pernas para o ar na Itália";
"Vereador fala grosso e faz denúncia contra Jânio";
"Pinta nos EUA um banco só para crianças e jovens";
"Para gringo o Plano Bresser não vale nada";
"Químicos de Osasco beliscam uma grana";
"Reclamações da trombada da Eletropaulo só até dia 20";
"Russos ficam malucos com show de cantor americano";
"Juíza durona mete chileno na cadeia";
"Iraque arranja foguete para arrasar com Teerã."

Cada título desses é um chamarisco para que o artigo seja lido.

As palavras são as mais cotidianas possíveis para seus leitores. Muitas são pura gíria. Todas elas simplificam ao extremo a mensagem.

Assim, trabalho vira "trampo" e dinheiro, "tutu". A deputada italiana vira o parlamento de pernas para o ar e a Eletropaulo, qual garotão malandro, dá trombada. O Iraque não vai negociar foguetes, vai é "arranjar" os mesmos. Enquanto isso, os russos ficam malucos com cantor americano. Um vereador fala grosso em São Paulo e para as crianças americanas pinta um banco especial. Tem de tudo. Governo que dá um breque em teste de Aids, juíza durona e pessoal que vai ficar de olho nas mensalidades escolares.

Todos os temas são tratados de forma familiar, quase amiga. A distante senhora juíza, que é mulher e linha-dura, passa a ser "juíza durona". Os governadores, tão longe do povo leitor do *NP*, passam a se aproximar na medida em que eles também têm pepinos para se preocupar.

Quando um jornal sindical falaria que o presidente da CUT está com um pepino para resolver? Pepino é muito chulo. Viraria preocupação, ou dilema, ou pelo menos contradição. Três belas palavras abstratas, bem menos chulas que pepino. Também bem menos compreensíveis para um público operário.

Peguemos a esmo, do mesmo *NP* do dia 8/8/1987, e examinemos mais alguns títulos:

"Plano de carreira dá força para servidores";
"Esclarecendo pepino";
"Líder metalúrgico senta com Sarney e sai sorrindo";
"Lista negra tá ferrando motoristas demitidos";
"Senac ensinará o beabá na Vila Prudente".

A lista poderia alongar-se, mas não é necessário. O estilo é o mesmo já observado.

Volta à tona o pepino. O metalúrgico sai do papo do Sarney satisfeitíssimo, dando risada. O Senac vai dar uma força por aí, ensinando o beabá.

Todo mundo compreende perfeitamente essa linguagem. É o dia-a-dia escrito numa página de jornal. É o leitor sentindo-se valorizado ao ver suas expressões serem usadas nos jornais, como se estivesse conversando com um colega.

É uma lição para ser ouvida e aprendida. Evidentemente, os assuntos dos jornais sindicais operários não são tão imediatos quanto os do *Notícias Populares*. Mas isso não autoriza a escrever um jornal sindical em "sociologuês", em "esquerdês" ou mesmo em "sindicalês".

CONCLUSÃO

Ao final destas páginas, precisamos repensar de novo, e conclusivamente, a objeção inicial feita por muitos. Para que se preocupar tanto com a forma da mensagem veiculada no jornalismo operário? O importante não é o conteúdo do jornal, a política, a linha, a estratégia? A forma não é simplesmente a roupagem externa?

Em muitas coisas, a forma externa, a aparência tem função quase só decorativa.

Muitas vezes, a forma externa de um produto só facilita ou dificulta o seu uso.

No caso do jornalismo, as coisas mudam de figura.

Se a forma não fosse fundamental, a *Folha de S.Paulo*, em 1996, não teria gasto milhões para fazer um novo projeto gráfico-editorial. Todos os jornais procuram melhorar a embalagem do seu produto.

Basta pensar no investimento para fazer o jornal em policromia.

Mas se para o jornal comum o aspecto externo, o visual, é vital, para o jornal operário a forma é tão importante quanto o conteúdo. Exatamente porque o jornal operário se destina a um público que, de antemão, não está interessado em ler. O outro leitor, aquele dos jornais comuns, não. Ele já prevê um tempo em que vai poder ler seu jornal. Tanto quanto fumar seu cigarro, beber seu café ou almoçar.

No caso do jornalismo operário, a forma passa a ter um valor determinante. Partimos da premissa de que os vários grupos sociais que editam jornais operários tenham claros e definidos os seus objetivos políticos.

O que enfatizamos o tempo todo é que tais conteúdos ou são comunicados de forma compreensível, ou serão absolutamente inúteis. A função de um jornal operário é passar adiante, numa corrente cada vez maior, suas idéias, análises, opiniões. Conseqüentemente, ser uma ligação da grande massa de trabalhadores entre si e entre ela e as direções. Se essa função for exercida, o jornal será um instrumento de ação. Cumprirá a função de servir à ação da classe da qual é veículo.

Vimos que o operário tem seu mundo e, sobretudo, seu modo de se comunicar. O jornal operário corre o risco de ser um papel inútil se não tiver essa preocupação constante. O problema da linguagem, se para todo jornal é importante, no caso do jornalismo operário é condição essencial. Sem isso, nada feito. Um jornal operário incompreensível não serve para absolutamente nada.

Trotsky, num artigo de 1922, intitulado "O jornal e seu leitor", dá uma série de orientações para jovens jornalistas do Partido Bolchevique. Fala para um exército de jornalistas-escritores que querem comunicar-se com milhares e até milhões de trabalhadores. Uns já são revolucionários, outros podem tornar-se tais.

O artigo é longo e dá uma série de orientações com a autoridade do líder que, além do mais, era jornalista. Várias delas confirmam o que falamos hoje cerca de 80 anos depois daqueles acontecimentos. A história mudou o quadro do mundo. A situação hoje é totalmente diferente. Mas muitos dos ensinamentos do antigo bolchevique ainda guardam sua atualidade para os jornalistas operários/sindicais de hoje.

Eis alguns trechos mais significativos:

"... Precisa-se reexaminar muito atentamente os instrumentos e os meios da nossa propaganda. Serão eles suficientes em volume, isto é, abarcarão todos os problemas que é preciso esclarecer? Terão tomado uma expressão adequada, acessível ao leitor e capaz de o interessar? (...)".

"... Um jornal serve, antes de mais nada, de elo de ligação entre os indivíduos; dá-lhes a conhecer o que se passa e aonde. O que dá alma a um jornal é uma informação atual, abundante e interessante (...)".

No trecho a seguir Trotsky dá uma dica sobre o problema crônico dos títulos que não ajudam, ao contrário, só atrapalham o leitor.

"É preciso reagrupar os telegramas antes de os fazer preceder das necessárias explicações. De que serve um título destacado, de duas, três ou mais linhas, se não faz mais do que repetir o que diz o comunicado?

Com freqüência, tais títulos apenas servem para confundir o leitor. É freqüente apresentar uma greve sem importância com este título: 'Aí está' ou 'Em breve o desfecho', enquanto que o próprio telegrama menciona apenas um vago movimento dos ferroviários, sem mencionar nem a sua causa nem os seus fins. No dia seguinte, nem uma palavra sobre o acontecimento; mesmo silêncio no dia seguinte (...)".

No final do artigo, o líder revolucionário dá uma lição sempre necessária ao jornalista que esquece quem é o seu leitor. Neste caso, o leitor operário.

"Um jornal, como já dissemos, deve antes de mais nada informar corretamente. Não poderá ser um instrumento de educação se a informação não for correta, interessante e judiciosamente exposta. Um dado acontecimento deve primeiro que tudo ser apresentado de forma clara e inteligível. Deve precisar onde o fato se passa e como se passa. Consideramos com freqüência que os próprios acontecimentos e fatos são conhecidos do leitor, ou que ele os compreende por uma simples alusão, ou ainda que não têm nenhuma importância e que o fim do jornal é, pretensamente, discorrer a propósito de tal ou tal fato (que o leitor ignora ou não compreende) sobre muitas coisas edificantes de que há muito se está saturado.

É isso o que com frequência sucede porque o autor do artigo ou da pequena notícia não sabe sempre do que fala e, para ser franco, porque é demasiado preguiçoso para se informar, para ler, para usar o telefone comprovando as suas informações. Evita pois o lado vivo do assunto e relata, 'a propósito' de qualquer fato, que a burguesia é a burguesia e que o proletariado é o proletariado.

Caros colegas jornalistas, o leitor suplica-vos que evitem dar-lhe lições, fazer-lhe sermões, dirigir-lhe apóstrofes ou ser agressivos, mas antes que lhe descrevam e expliquem clara e inteligivelmente o que se passou, onde e como se passou. As lições e as exortações ressaltarão por si mesmas."

Um aspecto sobre o qual Trotsky se detém demoradamente é a necessidade de um jornal para operários ser compreensível. A última recomendação do criador do Exército Vermelho é aquela onde ele afirma com todas as letras:

"Nem todos os nossos jovens escritores propagandistas sabem escrever de modo a ser compreendidos. Talvez porque não tiveram que rasgar caminho através da dura carapaça do obscurantismo e da ignorância. Dedicaram-se à literatura de agitação numa época em que, nas largas camadas da população, um conjunto de idéias, de palavras e de tendências tinha já largo curso. Um perigo ameaça o partido: ver-

> se cortado das massas sem partido, o que se deve ao hermetismo do conteúdo e da forma da propaganda, à criação duma gíria política inacessível não só a nove décimos dos camponeses, mas também aos operários. A vida, porém, não pára um único instante e as gerações sucedem-se".

É evidente que Trotsky não subestimava o conteúdo da propaganda que o Partido Bolchevique precisava difundir na classe operária e camponesa. Não podemos acusá-lo de perder-se em detalhes formais. Trotsky, além de líder da Revolução Russa, era um experiente escritor. Ele condena veementemente o "hermetismo e a gíria política inacessível a nove décimos dos camponeses e aos operários". Sem isso, o operariado continuará passando indiferente pelos portões das fábricas onde lhe são oferecidos jornaizinhos incompreensíveis e, conseqüentemente, inúteis.

Preocupação do líder de 80 anos atrás. Preocupação presente de qualquer comunicador operário hoje.

ANEXO 1

A Reestruturação produtiva exige nova comunicação

De Claudia Santiago —
Jornal Conquista/*Rio de Janeiro, agosto/1997*

A comunicação sindical é um tema que levanta bons debates dentro da Central Única dos Trabalhadores. Muitos dirigentes e jornalistas, mesmo que de forma isolada e dispersa, se dedicam ao assunto. Vários encontros nacionais, estaduais e até mesmo locais já foram realizados para debater a comunicação na CUT. Há até uma resolução congressual que determina qual a política de comunicação da Central, embora esta não seja centralizada e unitária.

Essa falta de centralização responde, em parte, à pergunta que ronda qualquer debate em que a comunicação da CUT esteja em pauta. Por que a imprensa sindical cutista não se configura como uma máquina centralizada de informação, para disputar a hegemonia entre os trabalhadores e na sociedade como um todo?, perguntam atônitos jornalistas.

Por que a CUT, com seus cerca 600 jornalistas e centenas de outros técnicos em comunicação, não consegue disputar com a máquina da mídia, nas mãos da burguesia?

Este texto não tem como objetivo responder a essas perguntas. Ele é um alerta para os dirigentes sindicais que ainda não despertaram para a centralidade da comunicação na ação política.

Reestruturação produtiva exige definições

As transformações do sistema produtivo exigem uma nova comunicação sindical. Mais rápida e eficiente do que boa parte da comunicação produzida pelos sindicatos cutistas. Para se ter uma idéia da importância do tema, vale recorrer ao trabalho produzido por um dos vários grupos de trabalho criados dentro da Central.

O Grupo de Trabalho da Reestruturação apresentou um relatório, em fins de junho de 1996, que reflete as preocupações e a necessidade de respostas relativas à comunicação com os trabalhadores.

O grupo constatou que as empresas, os bancos e até as indústrias entraram pesadamente na disputa da hegemonia ideológica entre os trabalhadores. Hoje é. comum empresas usarem boletins internos, projeção de vídeos e até teatro, durante o expediente, para conquistar as cabeças e os braços produtivos dos trabalhadores.

Na metalúrgica Freios Vargas, em Limeira, interior de São Paulo, todo dia a empresa passa vídeos e usa um programa de rádio interno para ganhar a adesão dos trabalhadores aos seus planos. É uma disputa ferrenha. Totalmente política e ideológica. Nessa batalha o empresariado utiliza os mais modernos instrumentos de comunicação. Vale tudo, usa tudo, pouco importa se perdendo o precioso tempo de produção. Contanto que consiga convencer os trabalhadores a "vestir a camisa da empresa". A burguesia, hoje, investe na tática de convencimento para ganhar a adesão dos trabalhadores.

Ao discutir a nova "Ação sindical frente às mudanças tecnológicas", o texto introduz o assunto comunicação com a seguinte afirmação:

"As novas estratégias patronais têm um forte e renovado conteúdo comunicativo, visando o envolvimento e a mobilização dos trabalhadores em função dos objetivos da empresa. Exigem uma nova comunicação dos sindicatos, seja em termos de forma – só os boletins não são suficientes – como de conteúdo.

O texto enumera pontos que precisam ser seriamente levados em conta para se ter uma ação sindical à altura da disputa de hegemonia que o bloco patronal está fazendo. Hoje, compreendê-los, é premissa para a comunicação sindical.

1. "Antes denunciávamos o chefe carrasco, máxima expressão do esquema taylorista-fordista. Agora denunciamos a quem, com a redução das hierarquias, os espaços de participação, etc.?

2. 'Vestir a camisa' X solidariedade de classe. Qualidade total empresarial ou qualidade de vida para os trabalhadores? Os sindicatos devem organizar a discussão com os trabalhadores sobre como querem organizar o trabalho na empresa.

3. Participação controlada X autonomia dos trabalhadores. Uma participação que acontece num marco de pressão direta do mercado no processo de trabalho X uma orientação sindical visando os interesses dos trabalhadores e da sociedade."

Os sindicatos respondem, cotidianamente, a todos esses desafios. Para isso necessitam que seus instrumentos de comunicação estejam a postos. É fato que a orquestra da comunicação sindical cutista ainda não está afinada. Faltam muitos passos a serem dados. Mas a busca dos dirigentes e jornalistas sindicais de norte a sul do país pelo aperfeiçoamento da comunicação também é um dado concreto, sem sombra de dúvidas.

Só que ainda precisam ser dados 777 passos.

ANEXO 2

Dicas de redação para trabalhadores

Organização de Claudia Santiago, tendo como ponto de partida o tese de doutorado de Maria Otília Bocchini, ECA-USP/SP

1. AJUDE O LEITOR A ATIVAR OS CONHECIMENTOS QUE ELE TEM SOBRE O ASSUNTO DO TEXTO

- Use e abuse de títulos e antetítulos;
- Não esqueça de datas, fontes;
- Use sumários, índices, tabelas, gráficos e ilustrações;
- Use palavras que façam parte do mundo do leitor
- Use exemplos que façam parte do conhecimento de mundo do leitor;
- Sinta-se na pele de quem vai ler seu texto.

2. AO ESCREVER, RESPEITE OS LIMITES DA MEMÓRIA IMEDIATA DO LEITOR

- Coloque as informações mais importantes no início da frase;
- Escreva frases curtas;
- Nunca passe de 22 palavras sem um ponto final!

No geral, as pessoas gravam, em média, as dez primeiras palavras. Um leitor lento retém oito palavras. Já um leitor rápido guarda 16 palavras. Esta é a conclusão de uma pesquisa do francês François Richaudeau, em Paris, em 1973.

Para Richaudeau, quanto **MAIOR** o comprimento da frase em número de palavras, menor o número de palavras retidas na memória, **MENOR** a inteligibilidade da frase.

Assim pode

Exemplos:

A) "O ano de 1816 foi catastrófico para os produtores nordestinos.

Com a derrota de Napoleão em 1815, o mercado mundial de algodão foi reaberto. Caiu dramaticamente o preço do produto.

Reduziu-se muito o lucro dos plantadores do Nordeste.

A baixa do algodão coincidiu com uma queda nos preços do açúcar.

Este continuava sendo o principal produto de exportação do Brasil.

Para piorar, uma seca assolou a região, diminuindo a produção.

Os fazendeiros brasileiros acabaram muito endividados com os comerciantes portugueses que financiavam as plantações.

Começaram então as negociações para dividir os prejuízos".

(Do livro "Viagem pela História do Brasil" *organizado por Jorge Caldeira)*

B) "Os problemas econômicos **elevaram** rapidamente a tensão em Pernambuco. Das brigas de rua entre portugueses e brasileiros a uma conspiração **foi** um pulo.

O governo **reagiu** com prisões, mas **houve** resistência, que se **transformou** em revolta vitoriosa.

(Viagem pela História do Brasil)

Assim não pode

"Foram formadas comissões para organizar o ato cultural (texto de encerrramento, vídeo sobre lutas sociais e o Manifesto, show musical) e para coordenar os convites a possíveis conferencistas, sua distribuição pelos Estados e centralizar os recursos disponíveis para trazê-los."

(Boletim do Comitê-Rio — 150 anos do
Manifesto Comunista*)*

3. SUBSTITUA EXPRESSÕES POR TERMOS MAIS CURTOS E EQUIVALENTES

a fim de .... para
com relação a .... sobre
alcançar uma vitória eleitoral ...... ganhar as eleições
essa problemática .... esse problema
não rejeitar .... aceitar
não impedir .... permitir

4. CORTE ADJETIVOS E ADVÉRBIOS. ESCREVA COM SUBSTANTIVOS E VERBOS

Exemplo:

"A chegada da família real mudou a cidade do Rio de Janeiro".

5. PROCURE ESCREVER SEUS TEXTOS COM PALAVRAS CURTAS

elaborar .... fazer
comercializar .... vender
quantificar .... calcular

6. USE AS PALAVRAS QUE O LEITOR CONHECE

Troque

Dar prioridade .... por dar preferência ou
colocar em primeiro lugar
Implementar .... por fazer/realizar

Não use nunca!

Aparelhar, ativista, ascenso, aparato, consenso, corrente, conclamar, colocação, construção, campo da esquerda, corporativista, consígnia, contribuição, emblemático, fórum, liminar, pautadas, processo, agudizar, alavancar, redirecionamento, embasamento, equacionar, implementação, viabilizar, inviabilizar, maximizar, otimizar, posicionamento, priorização, sucateamento, mapeamento, obstaculizar, problematizar.

Evite usar modismos

sinalizar	indicar
articular	fazer, preparar, organizar
transparência	honestidade
contabilizar	calcular, somar
enfocar	tratar
enfoque	ponto de vista

Evite usar eufemismos

Muitos deles são usados apenas para enganar o leitor:

alinhamento de preços	aumento generalizado de preços
vertente	ângulo ou aspecto
vivenciar	viver ou experimentar
maximizar e minimizar	aumentar e diminuir
macro	amplo

7. SINTONIZE-SE COM O CONHECIMENTO DE MUNDO DO SEU LEITOR

Antes de começar a escrever um texto, é importante que o redator conheça o universo de seu leitor. É preciso saber qual seu conhecimento de mundo, qual seu grau de domínio da língua. O leitor utiliza na leitura o que ele já sabe. O conhecimento que adquiriu ao longo de sua vida. O conhecimento prévio é fundamental para que haja a compreensão entre autor e leitor.

Pesquise

- Visite os locais onde seu público mora;
- Descubra a qual programa de televisão ele assiste;
- Conheça o seu vocabulário;
- Saiba onde ele lê;
- Investigue quanto tempo ele dispõe para a leitura;
- Pergunte qual o livro que marcou a sua vida.

8. USE A ESTRUTURA NARRATIVA SEMPRE QUE POSSÍVEL

Este tipo de narrativa é mais facilmente assimilável pelo leitor. É a que ele mais conhece, pois é a que ouviu desde criancinha, quando a avó contava:

"Era uma vez...."

Exemplo:

"O primeiro desentendimento entre portugueses e brasileiros ocorreu em Recife. Foi na festa de Nossa Senhora dos Holandeses. Naquela ocasião, um comerciante português insultou brasileiros.

Um oficial do regimento de milícias — preto e brasileiro — saltou sobre o português e deu-lhe uma surra. O episódio contribuiu para elevar a tensão entre brasileiros e portugueses no Exército.

Os primeiros reclamavam que eram constantemente preteridos nas promoções."

(Viagem pela História do Brasil)

9. FALE COM O LEITOR DE FORMA PERSONALIZADA

"FHC quer tirar os teus direitos trabalhistas."

"Com a reforma da Previdência, você só se aposenta depois de morto."

Caro leitor:

As opiniões expressas neste livro são as do autor, mas podem não ser as suas. Caso você ache que vale a pena escrever um outro livro sobre o mesmo tema, nós estamos dispostos a estudar sua publicação, com o mesmo título, como **"segunda visão"**.

INDICAÇÕES PARA LEITURA

Jornalismo operário e jornalismo sindical são quase sinônimos. Sobre a comunicação sindical existem alguns livros especializados, porém pouco difundidos. Há um de 1995, do professor Luiz Momesso. O título *Comunicação Sindical* dá a idéia da amplitude do assunto tratado. Momesso fala de quase todos os temas importantes na comunicação com os trabalhadores. São poucas páginas para tantos temas. Deve ser lido.

Há um outro livro, com o mesmo título, *Comunicação Sindical*, de Tony A. S. Vieira. É uma análise do jornal do Sindicato dos Bancários de São Paulo. É uma visão local com algumas dicas gerais.

O último livro que saiu sobre este assunto é *Comunicação Sindical: Falando para Milhões*, meu e de Claudia Santiago, editora Vozes, de 1997. É uma visão geral sobre o potencial da comunicação sindical. Dedica muitas páginas à linguagem mais adequada para falar com os trabalhadores.

Para os autores está claro que sem isso é inútil publicar milhões de boletins/jornais por semana.

Para melhorar a linguagem de quem escreve para trabalhadores é útil ler e aplicar um livreto simples, que não foi feito com o objetivo específico de ajudar na linguagem operária: *Manual de Estilo Editora Abril*. Saiu em 1990, pela editora Nova Fronteira.

Ciro Marcondes, entre seus vários livros sobre comunicação, tem um que, especialmente, dá uma série de dicas sobre linguagem: *Jornalismo Fin-de Siècle*, da editora Scritta.

Num livro de 1986, das Edições Paulinas, *Comunicação Popular e Alternativa no Brasil*, organizado por Regina Festa, se encontram várias idéias muito úteis. Em especial é preciso ler o artigo de Valdeci Verdelho "A nova imprensa sindical". Levanta questões fundamentais e fala muito do tripé essencial para fazer comunicação sindical: uma equipe composta por alguns diretores, os técnicos em comunicação e pessoas da base da categoria que se disponham a desenvolver esta tarefa.

Sobre linguagem há mais livros úteis. *Linguagem, Escrita e Poder*, de Maurício Gnerre, da editora Martins Fontes, e *A Desburocratização Lingüística*, de Neide Mendonça, da editora Pioneira. Outro texto extremamente útil é o de Ângela Kleiman: *Texto & Leitor*. Este pode ser lido umas quatro vezes e... aplicado, obviamente.

Quem tiver acesso à biblioteca da USP não pode deixar de ler a tese de doutorado de Maria Otília Bocchini, "Formação de redatores para a produção de textos acessíveis a leitores pouco proficientes", de 1994. Otília reúne idéias desenvolvidas pelo pesquisador francês François Richaudeau, Ângela Kleiman e Mary Kato, entre outros.

A principal preocupação da professora é com o direito do leitor de ler e entender qualquer texto que lhe interesse. Para isso dá inúmeras dicas muito úteis. Algumas delas estão no anexo número 2, organizadas pela jornalista Claudia Santiago.

Sobre o autor

Nasci um dia na Itália. Depois vim para o Brasil, onde durante 20 anos trabalhei em São Paulo como metalúrgico. Participei com paixão das lutas da Oposição Sindical Metalúrgica.

Disso tudo saiu este livro. Fiz, com colegas, um monte de boletins e jornaizinhos para os milhares de trabalhadores das fábricas onde trabalhamos. Essa atividade coletiva, nesses vinte anos, deixou suas marcas neste livreto.

Publiquei uma dúzia de livros e livretos. Um deles foi *Radiografia de um Jornal Operário,* pelo CPV. Escrevi alguns sobre a história da CUT, como *A CUT por Dentro e por Fora* e *CUT Ontem e Hoje,* pela Vozes. Também escrevi *Collor, a CUT e a Pizza* e *Para Onde Vai a CUT* e um sobre a Força Sindical: *Medeiros Visto de Perto*, pela editora Scritta. Na Brasiliense saíram *A Liberdade Sindical no Brasil* e *O que É Estrutura Sindical.* Juntos, Claudia Santiago e eu escrevemos, em 1997, a quatro mãos e dois corações: *Comunicação Sindical, Falando para Milhões.*

Coleção Primeiros Passos
Uma Enciclopédia Crítica

ABORTO
AÇÃO CULTURAL
ACUPUNTURA
ADMINISTRAÇÃO
ADOLESCÊNCIA
AGRICULTURA SUSTENTÁVEL
AIDS
AIDS - 2ª VISÃO
ALCOOLISMO
ALIENAÇÃO
ALQUIMIA
ANARQUISMO
ANGÚSTIA
APARTAÇÃO
ARQUITETURA
ARTE
ASSENTAMENTOS RURAIS
ASSESSORIA DE IMPRENSA
ASTROLOGIA
ASTRONOMIA
ATOR
AUTONOMIA OPERÁRIA
AVENTURA
BARALHO
BELEZA
BENZEÇÃO
BIBLIOTECA
BIOÉTICA
BOLSA DE VALORES
BRINQUEDO
BUDISMO
BUROCRACIA
CAPITAL
CAPITAL INTERNACIONAL
CAPITALISMO
CETICISMO
CIDADANIA
CIDADE
CIÊNCIAS COGNITIVAS
CINEMA
COMPUTADOR
COMUNICAÇÃO
COMUNICAÇÃO EMPRESARIAL
COMUNICAÇÃO RURAL
COMUNIDADE ECLESIAL
    DE BASE

COMUNIDADES ALTERNATIVAS
CONSTITUINTE
CONTO
CONTRACEPÇÃO
CONTRACULTURA
COOPERATIVISMO
CORPO
CORPOLATRIA
CRIANÇA
CRIME
CULTURA
CULTURA POPULAR
DARWINISMO
DEFESA DO CONSUMIDOR
DEMOCRACIA
DEPRESSÃO
DEPUTADO
DESENHO ANIMADO
DESIGN
DESOBEDIÊNCIA CIVIL
DIALÉTICA
DIPLOMACIA
DIREITO
DIREITO AUTORAL
DIREITOS DA PESSOA
DIREITOS HUMANOS
DOCUMENTAÇÃO
ECOLOGIA
EDITORA
EDUCAÇÃO
EDUCAÇÃO AMBIENTAL
EDUCAÇÃO FÍSICA
EMPREGOS E SALÁRIOS
EMPRESA
ENERGIA NUCLEAR
ENFERMAGEM
ENGENHARIA FLORESTAL
ESCOLHA PROFISSIONAL
ESCRITA FEMININA
ESPERANTO
ESPIRITISMO
ESPIRITISMO 2ª VISÃO
ESPORTE
ESTATÍSTICA
ESTRUTURA SINDICAL
ÉTICA

Coleção Primeiros Passos
Uma Enciclopédia Crítica

ETNOCENTRISMO
EXISTENCIALISMO
FAMÍLIA
FANZINE
FEMINISMO
FICÇÃO
FICÇÃO CIENTÍFICA
FILATELIA
FILOSOFIA
FILOSOFIA DA MENTE
FILOSOFIA MEDIEVAL
FÍSICA
FMI
FOLCLORE
FOME
FOTOGRAFIA
FUNCIONÁRIO PÚBLICO
FUTEBOL
GEOGRAFIA
GEOPOLÍTICA
GESTO MUSICAL
GOLPE DE ESTADO
GRAFFITI
GRAFOLOGIA
GREVE
GUERRA
HABEAS CORPUS
HERÓI
HIEROGLIFOS
HIPNOTISMO
HIST. EM QUADRINHOS
HISTÓRIA
HISTÓRIA DA CIÊNCIA
HISTÓRIA DAS MENTALIDADES
HOMEOPATIA
HOMOSSEXUALIDADE
IDEOLOGIA
IGREJA
IMAGINÁRIO
IMORALIDADE
IMPERIALISMO
INDÚSTRIA CULTURAL
INFLAÇÃO
INFORMÁTICA
INFORMÁTICA 2ª VISÃO
INTELECTUAIS

INTELIGÊNCIA ARTIFICIAL
IOGA
ISLAMISMO
JAZZ
JORNALISMO
JORNALISMO SINDICAL
JUDAÍSMO
JUSTIÇA
LAZER
LEGALIZAÇÃO DAS DROGAS
LEITURA
LESBIANISMO
LIBERDADE
LÍNGUA
LINGÜÍSTICA
LITERATURA INFANTIL
LITERATURA POPULAR
LIVRO-REPORTAGEM
LIXO
LOUCURA
MAGIA
MAIS-VALIA
MARKETING
MARKETING POLÍTICO
MARXISMO
MATERIALISMO DIALÉTICO
MEDICINA ALTERNATIVA
MEDICINA POPULAR
MEDICINA PREVENTIVA
MEIO AMBIENTE
MENOR
MÉTODO PAULO FREIRE
MITO
MORAL
MORTE
MULTINACIONAIS
MUSEU
MÚSICA
MÚSICA BRASILEIRA
MÚSICA SERTANEJA
NATUREZA
NAZISMO
NEGRITUDE
NEUROSE
NORDESTE BRASILEIRO
OCEANOGRAFIA

Coleção Primeiros Passos
Uma Enciclopédia Crítica

ONG
OPINIÃO PÚBLICA
ORIENTAÇÃO SEXUAL
PANTANAL
PARLAMENTARISMO
PARLAMENTARISMO MONÁRQUICO
PARTICIPAÇÃO
PARTICIPAÇÃO POLÍTICA
PEDAGOGIA
PENA DE MORTE
PÊNIS
PERIFERIA URBANA
PESSOAS DEFICIENTES
PODER
PODER LEGISLATIVO
PODER LOCAL
POLÍTICA
POLÍTICA CULTURAL
POLÍTICA EDUCACIONAL
POLÍTICA NUCLEAR
POLÍTICA SOCIAL
POLUIÇÃO QUÍMICA
PORNOGRAFIA
PÓS-MODERNO
POSITIVISMO
PREVENÇÃO DE DROGAS
PROGRAMAÇÃO
PROPAGANDA IDEOLÓGICA
PSICANÁLISE 2ª VISÃO
PSICODRAMA
PSICOLOGIA
PSICOLOGIA COMUNITÁRIA
PSICOLOGIA SOCIAL
PSICOTERAPIA
PSICOTERAPIA DE FAMÍLIA
PSIQUIATRIA ALTERNATIVA
PUNK
QUESTÃO AGRÁRIA
QUESTÃO DA DÍVIDA EXTERNA
QUÍMICA
RACISMO
RÁDIO EM ONDAS CURTAS
RADIOATIVIDADE
REALIDADE
RECESSÃO
RECURSOS HUMANOS
REFORMA AGRÁRIA

RELAÇÕES INTERNACIONAIS
REMÉDIO
RETÓRICA
REVOLUÇÃO
ROBÓTICA
ROCK
ROMANCE POLICIAL
SEGURANÇA DO TRABALHO
SEMIÓTICA
SERVIÇO SOCIAL
SINDICALISMO
SOCIOBIOLOGIA
SOCIOLOGIA
SOCIOLOGIA DO ESPORTE
STRESS
SUBDESENVOLVIMENTO
SUICÍDIO
SUPERSTIÇÃO
TABU
TARÔ
TAYLORISMO
TEATRO NO
TEATRO
TEATRO INFANTIL
TECNOLOGIA
TELENOVELA
TEORIA
TOXICOMANIA
TRABALHO
TRADUÇÃO
TRÂNSITO
TRANSPORTE URBANO
TROTSKISMO
UMBANDA
UNIVERSIDADE
URBANISMO
UTOPIA
VELHICE
VEREADOR
VÍDEO
VIOLÊNCIA
VIOLÊNCIA CONTRA A MULHER
VIOLÊNCIA URBANA
XADREZ
ZEN
ZOOLOGIA